ちくま新書

入試改革はなぜ狂って見えるか

物江 潤
Monoe Jun

1605

入試改革はなぜ狂って見えるか【目次】

はじめに

流石に、受験生は怒ってよい。

大学入学共通テストに記述試験を導入すべきだとアピールしていた教育再生実行会議委員による「国立大学入学者の六十%はマークシート入試なので一文字も書かないで合格している」とする主張をある書籍で目にしたとき、あまりの支離滅裂な現状認識に憤りを覚えました。

細かいデータは後述しますが、一文字も書かずに合格している国立大生は大変に珍しい存在であり、そんなことは各大学の入試問題を眺めれば一目瞭然です。

だから、この教育再生実行会議委員は記述試験の必要性を主張しておきながら、入試問題を解くどころか、ろくに確認さえしていないのです。私が開業している学習塾の生徒たちは、こんな無責任な行為によって右往左往していたのかと思うと、「受験生は怒ってよい」とでも言いたくなります。

入試改革は失敗の歴史だと言われますが、それと同時に怒りの歴史でもあります。いや、より正確に言えば、入試改革を含めた教育問題そのものが怒りに満ちています。本番の約一年前に記述試験が取りやめになった今回の改革をはじめ、いじめ問題、ゆとり教育といった世間の関心を集めた教育問題には、怒りがつきまとっているのです。

そんな怒りは、行動の原動力にもなります。共通テスト中止を求める高校生たちが、四万二千超の署名を集め政策や世論に影響を与えたようにです。彼らの行動の源泉に入試改革に対する怒りがあったことは想像に難くありません。

しかし、怒りは人の目を狂わせます。あの悪名高いゆとり教育に数多くの批判が寄せられた一方、その中には荒唐無稽なものが多く含まれていたのです。

そのことを象徴するのが、『分数ができない大学生――21世紀の日本が危ない』（東洋経済新報社）という本です。同書に掲載された「トップ校でも2割の学生は分数ができない」とするセンセーショナルな文言が注目を集め、大学生の学力低下は深刻なレベルに達しているため、ゆとり教育なんてとんでもないとする世論形成を後押ししたのです。

ところが、この耳目を集めるフレーズは大変に誇張されたものでした。出題した五問すべてを正答できた大学生が八割だったため「二割の学生は分数ができない」としたものの、五問のうち一問は分数の問題ではなかったのです。しかも、この一問だけが群を抜いて正答率が低かったうえに、残りの四問における一問あたりの平均正答率は約九七・八パーセント。つまり、「学生に分数の問題を解かせたところ誤答率は二パーセントだった」の方が、ずっと実態に近いと言えます。

東北学院大学教授で理学博士の神永正博氏が『学力低下は錯覚である』（森北出版）で主張するように、これは何か驚くべき結果なのでしょうか。計算ミスは誰でもするでしょう。もちろん、学生の学力が著しく低下しているとする論にはなりえません。そもそも、学力の低下を論ずるのであれば経年調査をすべきです。

このように、同書の調査結果には致命的な欠陥があります。それも、専門的な知識がないと知りえないものではなく、誰が見ても明白に分かるものです。

しかし、どうしてなのか、この実態からほど遠い論は力を持ってしまい、ゆとり教育に対する批判は強まってしまいました。調査結果を冷静に見れば、誰だってすぐにおかしいと分かるはずなのにです。決して少なくない人たちがゆとり教育に怒りを表明しましたが、彼らは冷静さを欠いていたと言わざるを得ないでしょう。

こうした事実無根の批判は、新たな怒りを生みます。

ある日突然、私はゆとり教育の第一期生にされてしまいました。自分ではゆとり世代だと思っていなかったのに、会社の先輩に「ゆとり第一期生」だと認知されていたのです。「ゆとり第一期生」というフレーズを面白がった一部の人たちが、一般的に一九八七年生まれからがゆとり世代だとされていたものを、強引に定義を変えたうえで面白おかしく取り上げたのでした。ゆとり教育の目玉の一つであった「総合的な学習」を、私たちの世代は中学三年生で受けていますので、たしかにゆとり教育を受けていないとは言えませんが、私たちからすれば突然の解釈変更でしたし、何よりも事実無根のレッテルを貼られるのは不満でもありました。当時、「ゆとり世代の大卒がはじめて会社にやってくる」としたうえで、ステレオタイプな偏見で彩られた情報が流された結果、私たちの世代はとんだ風評被害にあったわけです。円周率は3で計算したんでしょうといった、お決まりの事実誤認もありました。ちなみにですが、ゆとり世代の定義は曖昧であり、一九六六年生まれの五〇代中盤の方が含まれるケースさえあることも付け加えておきます。

そして入社してから二年後、また新たな「ゆとり第一期生」がやってきました。もともとあった定義に基づき、二期目のゆとり第一期生という奇妙な存在が誕生したわけです。二年前と同じような偏見に満ちた情報も飛び交いました。私たち周辺の世代は、メディアを賑わすための玩具《おもちゃ》として機能したことになります。

もっとも、当時の私の怒りというのは、ゆとり世代というレッテルを貼られたことではなく、ゆとり世代に対する根拠なき学力低下論に向けられていました。『分数ができない大学生』のような、あまりにいい加減な根拠に基づく学力低下論を目にするたびに、(特に数学の) 学力が低下しているのは簡単なデータも読めない批判する側ではないかと思っていたのです。

一方、そんな私自身、やはり怒りで目が狂っていました。ゆとり世代に対する批判に甚《はなは》だ不当なものが混ざっていたのは事実であるものの、それほど関心のないものに対し、いちいち人間は一次情報を確認しませんので、結果として偏見や紋切り型の考えを持ってしまうのは避けられません。私だって、そんな不正確な情報や認識を幾多も抱えていることでしょうし、これからだってそうです。誤った主張に対する冷静な対応は大切ですが、そうではなく怒りに身を任せて相手を悪だと認識してしまうのは、冷静さを欠いた言葉を発する相手と同じ穴の狢《むじな》です。

私のなかで沸き起こった「学力が低下しているのはゆとり世代ではなく、学力低下論を発している側だ」などという感覚は、私が相手をとんでもない人間だと怒りに任せて認識していた証左です。そう、偉そうなことを先述した私自身が、批判されるべき存在だったわけです。

冒頭で紹介した委員氏にしても、彼が参加した教育再生実行会議で提出された提言では、記述試験の導入については触れられていません。同提言は、改革の目的や方針を決めるフェイズであり、入試改革の具体的な内容までは踏み込んでいないわけです。

ただ、記述試験導入のPRをするならば、せめて入試問題に目を通して欲しかったです。また、高校生たちが怒りをもって署名活動をしたとして、それは何か悪いことだろうかとも思います。そのように考えてみると、怒りそのものが悪いのではなく、冷静さを著しく欠いてしまうような「間違った怒り方」がよくないのでしょう。

「汝の敵を愛せ」という有名な言葉があります。何て非現実的なフレーズだろうとも思いますが、これは「それくらいの方が相手を正しく認識できる」という含意があるのだそうです。

少しの冷静さがあれば避けられた事実無根による批判をすれば、またしても新たな怒りを生んでしまうという負の連鎖が生じてしまいます。荒唐無稽な学力低下論に対し、怒りに任せて相手を「学力が低いのはそちらだろう」と私が思ったようにです。それに、妥当な主張をしたいのであれば、事実誤認を誘発する間違った怒り方は得策ではありません。言い換えれば、「汝の敵を愛せ」を心がければ自分の利益になるため、各々が心がけた方が各々にとって得です。

本書のタイトルは『入試改革はなぜ狂って見えるか』です。実際に改革が狂っていることもあれば、私たちの目が曇っているため、狂って「見える」こともあるはずです。そこで本書では、「実際に狂ってしまう理由」と「狂って見えてしまう理由」を探ることを目的にしたいと思います。

ここで、各章について概説します。

第一章と第二章では、受験の現場で生じている問題を列挙します。国語・数学・英語・理科・社会の各教科について具体例を挙げながら説明することで、いかに課題が山積しているかを示すとともに、不十分な大学側の作問体制に比べ受験産業の戦力が充実しているため、課題解決が難しくなっている現状を記していきます。

入試改革の議論を追っていくと、大学入試の今を把握されていない方がよく目につきました。各々が受験をした経験がありますので、その経験を基に現状確認をせず論じてしまうのでしょう。センター試験どころか共通一次試験を経験していない委員が多くいらっしゃったこともあり、専門的な知見を持った委員との議論がどうにもかみ合わなかったのです。だから、本書の前半戦である第一章と第二章では、入試問題・参考書・攻略法といった具体例をふんだんに取り入れ、データだけではなかなか見えてこない入試の問題点を伝えられるよう注力しました。

第三章からは後半戦です。これまで見てきたような現場の問題点が放置されてしまう、奇妙な入試改革の謎に迫っていきます。

ここでその結論を先取りしてしまえば、「教育における宿痾《しゅくあ》である」と要約できます。宿痾ですから、以前からずっと抱えてきた不治の病のことです。全治は望めないため、今よりもマシにする方法を考える必要があります。

謎に迫る過程では、日本の教育行政を語るうえでたびたび登場する上意下達《じょういかたつ》というキーワードに焦点を当てます。文字通り、上（国や文部科学省等）から事細かに下（現場）に指示をする状態です。しかし、第一章で記した山積みの問題が現場ではないと解決困難なものであるため、上意下達のシステムでは上手くいきません。

第四章では、第三章の内容を踏まえたうえで、今回の入試改革がどのように進んでいったのかを具体的に確認していきます。大まかな方向性が示された第四次提言までの教育再生実行会議および、高大接続特別部会と高大接続システム改革会議の議事録をすべて読んでみれば、改革が失敗の道を辿ってしまうパターンが見えてきます。

第五章では、入試改革によって零《こぼ》れ落ちてしまう生徒たちに焦点を当てます。今回の改革では「多面的な評価」が大変に重視されましたが、こうした評価方法では、当塾にやってくるいじめ被害者である不登校児や、発達障害を抱えた生徒たちは苦境に立たされます。学力以外のあらゆる能力が計測されたうえに、高校生活の様子まで評価対象にされてしまってはお手上げなのです。

たびたび、日本ではいじめ問題がクローズアップされ世論が過熱します。いじめ加害者に対する厳罰化や道徳教育の必要性を叫ぶ主張は、そのたびに唱えられます。が、いじめ被害者のその後については、驚くほど注目が集まりません。いじめそのものに大変な関心を寄せるのであれば、いじめられ不登校になった生徒たちが再チャレンジできるような入試制度について、もっと議論が盛んになってもよいのではないでしょうか。長年にわたっての関心ごとであるいじめ問題や、昨今において特に注目が集まる発達障害の問題が象徴するように、入試と社会問題は密接につながっているはずです。

終章は本書のまとめです。第一章から第五章までを簡単に振り返りながら、狂ってしまう理由と狂って「見える」理由の双方について考えてみたいと思います。

ここで、私についても記しておきます。

先述したように、私は学習塾を開業しています。当初、高校生には数学だけを教えるつもりでしたが、生徒たちから色々な教科について質問が飛んでくるため、いつの間にか様々な教科を教えるようになっていました。もちろん、一つの科目を何年何十年と指導してきた先生方には到底敵《かな》いませんが、幅広く各教科について語ることはできると思っています。

二〇一七年に拙著『だから、2020年大学入試改革は失敗する』（共栄書房）を上梓して数年が経過しました。案の定、入試改革は混迷を極めています。当塾の生徒と保護者も随分と困惑しました。

このままでは何度改革を繰り返しても、また同じような道を辿ります。

そうならないためにも、本書が少しでも役に立てられれば幸いです。

第一章　大学入試の現場

†入試改革のいきさつ

事の発端は二〇一二年八月まで遡ります。文部科学大臣による諮問「大学入学者選抜の改善をはじめとする高等学校教育と大学教育の円滑な接続と連携の強化のための方策について」を受けた中央教育審議会が高大接続特別部会を設置し、改革の検討が始まりました。

その後、改革を準備するため様々な組織で議論がなされ、紆余曲折を経ながら二〇一七年七月に高大接続改革の実施方針等が策定されます。

改革の内容が明らかになるにつれ、新しい入試が注目されました。学力の三要素をはじめとした多面的な能力を評価するため、センター試験を大学入学共通テストに改め記述試験を導入することや、英語においては民間試験を活用し「読む」「聞く」「話す」「書く」の四技能を評価するといった新しい選抜方法が打ち出されたのです。

学力の三要素とは①知識・技能、②思考力・判断力・表現力、③主体性を持って多様な人々と共同して学ぶ態度を指します。これらの能力は、先行き不透明な社会に必要な力と見なされ、従来の知識偏重の入試では測定が困難であると考えられたわけです。同時に、高校が作成する調査書や面接等により、学力以外を積極的に評価するという方針も打ち出されました。

もっとも、多面的な能力は以前からその必要性が叫ばれてきました。それは、あの悪名高いゆとり教育でも同様です。いつの時代でも求められる能力は似通っており、それらがラベルを変更して再登場するのです。

また、新しいラベルとして、外国から輸入してきたカタカナ語が採用されることもしばしばあります。それも、ＡＯやシラバスのように、本来の使われ方が変質し日本独自のものになることで、言葉の意味が曖昧になったり存在そのものの必要性が疑われたりするケースがあり、教育現場を混乱させる要因になっています。

さて、こうして登場した記述試験や英語民間試験ですが、ご存じのとおり批判が相次いだ結果、導入が見送られることになりました。ほとんどの国公立大で記述試験が実施されているのに、どうして共通テストで実施する必要があるのか、英語民間試験は経済的・地域的な格差を助長するのではないか等々、数々の批判的な意見が寄せられたのです。

共通テストの欠陥は本書でおいおい解説していきますが、ゆとり教育に向けられた事実無根のものと比べ、妥当な批判が多かったように思います。

†たびたび問題視されてきた知識偏重の入試

今回の入試改革もそうですが、既存の入試は知識偏重であるとする批判がたびたびなされてきました。知識を詰め込みさえすれば入試が攻略できるとする論です。これは戦前でさえ見られた主張なので、もはや定番中の定番といってもよいと思います。

一方、この定番に対して反論もあります。記述試験の存在をはじめ、思考力を要求する問題が多く見られるため、決して知識偏重だとは言えないとするものです。面接・小論文・プレゼンテーションといった多様な評価方法が広がっている現状もまた、反証としてよく挙げられます。

この反論は傾聴に値しますが、留意すべきこともあります。一見すると思考力を要求する問題でも、攻略する側からすれば単なる知識問題になってしまうケースが多々あるからです。

予備校講師の竹内久顕氏は著書『予備校教師からの提言――授業・入試改革へ向けて』(高文研)にて、一部の予備校講師による日本史の授業例を紹介したうえで、「「こう問われたらこう答えよう」式の、「パズルの解き方」を伝えているに過ぎません」と厳しく批判します。外から見れば思考力を問う問題も、攻略における定石《じょうせき》を知っている受験生からすれば、単なる知識問題になることが多々あるわけです。

数学や物理も同様で、おそらく事情を知らない方が入試問題を見れば、大変な思考力を要求されているように見えると思います。しかし、攻略する側からすれば、よく見る典型的な問題の一つであり、ほとんど頭を使わずに解けてしまうこともあります。つまり、記述試験だから思考力が要求されるという単純な図式ではなく、その内容によって要求される能力が変わるという、ごく当たり前の話なのです。

また、杜撰《ずさん》な入試により面接やプレゼンテーションが有名無実化している例や、受験産業や高校による手厚いサポートにより、徹底した対策がなされているケースもあります。多様な入試方式が広がってはいるものの、だからといって多様な能力を問えているとは必ずしも言えないのです。質の悪い入試が跋扈《ばっこ》すれば下らないテクニックが力を持つように、作問側と攻略側の関係性によって何が問われるのかが決まります。

†パズル解きゲームになりやすい大学入試

『新・物理入門』（駿台文庫）という、入試の今を考えるうえで大変に示唆的な参考書があります。同書の冒頭には、参考書の基本的な性質が記されるとともに、その問題点が的確に摘出されています。

高校生とりわけ受験生用に書かれた物理の参考書の大多数が、一方では一個の整合的な体系をもち、他方では現実的自然により検証されている物理学の論理性と実証性を完全に無視し、天下りに書かれた「公式」なるもののバラバラな羅列と高々それらのあてはめのテクニックに終始している。それは、手っ取り早くものにしたいという受験生の心理に付け込んでの結果であろうが、現実には「自然科学」というよりは恣意的なルールに基づくパズル解きゲームの様相を呈し、そのため学生にもっぱら混乱と物理学に対する興味の喪失、ひいては嫌悪感すら生み出している。（中略）

筆者は、自然に対する物理学的な見方が最も優れた見方だとも、ましてや唯一の見方だとも思わない。しかし物理学が近代において最も成功した学問であり、他の諸学問も多かれ少なかれ物理学に影響されていることは事実だから、その基礎概念と論理構造の初等的部分の理解は、どの自然科学を学ぶためにも、やはり必要とされるであろう。本書がその学習のための手助けとなれば幸いである。

（山本義隆著『新・物理入門〈増補改訂版〉』駿台文庫、二〇〇四年）

高校物理が、まるでパズル解きゲームのように扱われてしまうのは現在でも同じです。受験生からすれば最も効率よく高得点を取る方法に見えるのですから、そういった安易な手法に飛びつくのも仕方がありません。

こうした状況は、明らかに受験産業がもたらした負の影響と言えます。こんなゲームをさせるために高校物理が設計されたはずがありませんので、受験産業は意図せざる結果を生み出しことになります。

一点でも多く点数を取りたいという受験生の意思と受験産業の攻略により、文部科学省（文科省）や大学の意図が実現しない。この構図は頻繁に見られるものですし、本書においてもたびたび登場します。

一方、こうしたパズル解きゲームの訓練が、必ずしも合格の近道とならないケースもあります。次の文章は、二〇二〇年に京都大学で出題された入試問題に対する大手予備校による講評です。

微分法（一次近似）を背景とする近似問題が頻繁に出題され、それなりの近似計算慣れが必要となる。微分方程式を背景とした問題もしばしば出題される。また、面積や体積に関する理解も問われる。したがって、京都大学物理対策として、傾きと面積を用いた物理概念は微分と積分を用いて表し、数学的に整理しておいたほうがよい。
（東進ハイスクール『国公立二次・私大　解答速報　京都大物理　前期』http://27.110.35.148/sokuho/data/2020/1c/p01/p1c201001s0.pdf）

この講評から、良い意味での意図せざる結果が見えてきます。「微分と積分を用いて表し、数学的に整理しておいたほうがよい」という言葉があるように、東大・京大のような最難関大においては、微分積分を活用した学習こそが、合格への近道だという考えがあるのです（もちろん、違った意見を持つ人もいますし、パズル解きゲーム的な要素がなくなっているわけでもありません）。先ほど紹介した『新・物理入門』も微分積分を使用しています。ただし、同書は大多数の高校生にとっては難しすぎることも事実であり、おいそれと推奨できないことも付け加えておきます。

この学習法は、ある意味で意図のしようのないものです。なにせ、高校物理の教科書は微分積分を使用していないのです。色々な事情があり、本来であれば物理学にとって必要不可欠な微分積分を用いることなく、苦心の末に記述しているわけです。巻末等に微分積分が取り上げられてはいますが、あくまでも補足としての扱いです。

おそらく、多くの物理学の教授は、微分積分を使用した学習の方を支持するでしょう。微分積分を用いない物理学は、あまりにも不自然だからです。言い換えれば、受験産業が高校物理の教科書よりも本質的な学習を提供しているのです。

受験産業は負の影響をもたらしているものの、十把《じっぱ》一絡《ひとから》げに悪と見なすべきではないと思います。

ここに私は、大学入試の一つの形を見ます。受験生は高得点を取るためだけに勉強をし、それが結果として大学にとっても望ましい学習になっているという状況です。

国や文科省が理想的な勉強のあり様を決定し、それを教育現場に押し付けても限界があります。どんなカリキュラムが事前に組まれたとしても、大学合格に不要と見なされれば機能不全に陥るからです。加えて言えば、その理想を実現できる教師の能力が担保されていないと、絵に描いた餅になるからです。

✝アクティブラーニングの功罪

たとえば、新学習指導要領に記載された「主体的・対話的で深い学び」で、これは一般的にアクティブラーニングと呼ばれています。従来の受け身の勉強だけでは不十分であり、もっと主体性をもって勉学に励むべきとか、教科書と一人でにらめっこするのではなく、もっと対話をするべきだといった理想が込められた文言です。具体例として、グループディスカッションやディベートがよく挙げられます（詳しくは第三章で解説します）。

しかし、このアクティブラーニングは大学受験に役立つでしょうか。たしかに、役立つよう上手に授業をしている素晴らしい先生方はいらっしゃいます。が、この教授法は先生の力量や生徒の特性が大きく問われるため、上手くいかないケースが多発します。

一定の環境下においては大変に優れた手法ですし、素晴らしい実践者の存在を承知しているものの、すべての学校現場に押し付けるのは賛同できません。上から理想を押し付けても、受験生の視点から不要だと見なされれば機能しないのです。それよりも、実践者の方々が草の根的に広げていくことで、実践可能な各現場での定着を目指す方がよいように思われます。

だから、あくまでも受験生は合格したいという本能の赴くまま行動し、それが良き勉学となるよう大人たちが事後的に調整していくべきだと考えます。そんな調整されたポイントを、本書では「均衡点」と呼ぶこととします。

†受験産業を軽視した結果

共通試験は、ただでさえ難しい作問を一層困難にします（以下、本書では大学入学共通テスト・センター試験・共通一次試験のような、幅広い受験生に共通で課せられる試験を総称して「共通試験」と記述します）。各大学が実施する個別試験よりも公平性・公正性が強く求められるため、どうしても客観的な採点基準を公表せざるを得ません（以下、各大学が実施する学力検査を個別試験と呼びます）。大学出願のため共通試験を自己採点しなくてはならないという事情も関係しています。また、採点者としてアルバイトを活用するという報道があったように、採点する側の能力を担保しにくいため、なお一層のこと明白な採点基準が要求されます。必然的に、要求する文字数は抑制的になったり、採点しやすいように一定の条件が課せられていたりと、簡易的な記述試験になりやすいのです。

もし、受験産業を強く意識して改革を進めていたら、この時点で失敗することが予測できたはずです。大変に明確な採点基準が公になるならば、こんなに攻略しやすい試験はないからです。しかも、共通試験は大勢の受験生が利用するビジネスチャンスなので、多くの受験産業がこぞって攻略にかかるに決まっています。イギリスの共通試験「Aレベル」のような精緻《せいち》なものならまだしも、日本で予定されていた簡易的な記述試験の実施に、どれほどの意味があるのか疑問です。

一方、誰が採点しても同じ点になるような記述試験ではなく、思考力等を計測できる作問を試みるという方法もあります。しかし、公平性・公正性に疑義が生じる可能性が極めて高い。事実、二〇一八年一一月に実施された共通テストの試行調査では、実際の採点と受験生の自己採点にバラつきが見られたうえに、後にアルバイトが採点することが明るみになったことで、採点の公正性について多くの批判が寄せられました。

個別試験であれば、採点基準どころか模範解答を公表する必要がありません。文科省は二〇一九年度大学入学者選抜実施要項にて解答の原則公開を大学に要求しているものの、「一義的な解答が示せない記述式の問題等については、出題の意図または複数のもしくは標準的な解答例を原則として公表するものとする。」としています。しかも、共通試験よりも多くの文字数を受験生に書かせることができます。共通試験よりも、ずっと攻略が難しいのです。作問は大変に難しく、必ず欠点が生じるのは重々承知しているものの、これでは首をかしげざるを得ません。

良くも悪くも受験産業は入試改革に大きな影響を与えます。だから、念頭に置くどころか多くの時間を使って分析するべきなのですが、それがどうしてもなされません。第三章・第四章で後述するように、抽象的な議論の末に導かれた曖昧な結論を現場に下してしまうため、受験産業のような分析すべき重要な現実を放置してしまうのです。

†バラつきがあっても許容されている個別試験

共通試験においては、採点の公正性が大変に重視される一方、不思議なことに各大学の個別試験となると様相は大分変ってきます。甚だ採点基準が不明瞭な試験に対し、良問であるとする声さえ上がるのです。

具体例として、東京大学の現代文が挙げられます。同試験をテーマとした書籍が定期的に発売され人気を博しているように、批判どころか称賛の声さえ見られるわけです。

たとえば、一九八五年の東大現代文の第二問は、金子みすゞの二つの詩に共通している作者の見方・感じ方について、各自の感想を一六〇字以上二〇〇字以内で記せというものでした。二つの詩の文字数を合計しても一〇八字ですから、本文の分量以上の感想を要求するという大胆な試験であり、受験テクニックを駆使するだけでは手も足も出ない難問でもありました。予備校講師や知識人の手により模範解答や解説が作成されましたが、その内容にかなりのバラつきが見られたのも無理はありません。

しかし、これでは採点者によって点数が大きく変わるおそれがあり、採点者と受験生の相性が鍵を握る試験になりかねません。明瞭な採点基準をつくるにしても、誰が作成したかによって点数は変わります。公平性・公正性の観点から疑義が生じる可能性は十分にあるでしょう。

ところが、そんな声は一向に聞こえてこないのです。入試に関する書籍等を乱読すれば、あの大学の英語は悪問だとか、出題意図が不明だとか色々な批判が目に入るものの、こと東大現代文に関しては、賞賛はあれども否定的な意見はほとんど見たことがありません。かつて、円周率が3・05より大きいことを証明せよという東大入試が話題になったように、良くも悪くも注目される東大入試にあって批判が飛んでこないということは、社会的にも是とされているのでしょう。

東大以外にも、模範解答の作成が難しい記述試験は多々あります。しかし、近年においては、高校の先生方や受験生からの激しい批判や反発は見られません。こうした反応は理屈の問題ではなく、各大学の記述試験が「そういうものだ」と許容され常識と化しているからであり、大げさに言えば日本の大学入試文化の一つになっているからでしょう。そして、共通試験には過剰なまでに公平性が求められるという現象もまた、そんな文化の一つだと言えます。

長い年月を経て形成された文化に逆らうのは容易ではありません。わざわざ難しい道を選ばずとも、現状でも見られる各大学の記述試験がもっと増えるよう、環境を整備した方がスムーズに事が進むと思います。

†平易な難問

そもそも、入試問題の基本的な性質とはどういったものでしょうか。大学による作問と、それを攻略する受験産業との関係によって入試問題のあり様が決まるわけですが、まずは入試問題の姿をおおまかにスケッチしてみたいと思います。

ここで登場するのが「平易な難問」という摩訶不思議な言葉です。社会学者の小室直樹氏が提唱した考えで、現在でも通用すると思います。

定員割れしている大学等の例外はあれども、大学入試は選抜試験なので適切な平均点が求められます。あまりに平均点が高かったり低かったりすると、実力差がきちんと点数差として現れないからです。

受験生は必死に勉強をします。受験産業の攻略もあり、教科書の内容を素直に出題していては平均点が高騰してしまい、選抜試験として機能しないのです。しかし、学習指導要領に拘束される入試において、より難しい大学レベルの知識を問うことは基本的にできません。

そこで、高校レベルの平易な問題を、あの手この手で複雑にして難しくします。その問題を受験産業が攻略することで、なお一層問題は複雑になるといった悪循環に陥ってしまうのです。

その結果、問われている知識そのものは初等的で「平易」な数学であるにもかかわらず、数学の専門家でさえ事前にトレーニングをしないと時間内に解答できない「難問」になるという、奇妙な問題が出来上がるわけです。数学教育コンサルタントの渡部由輝氏は著書『数学は暗記科目である』(原書房)で、数学のノーベル賞とも言われるフィールズ賞を受賞した広中平祐博士が、高校生と受験数学を解く競争をしたところ負けてしまい「プロにはかなわない」と漏らしたとするエピソードを紹介しているように、受験に特化した特殊なトレーニングが必要なのです。

†暗記数学の登場

こうした平易な難問に対し、受験産業が取った戦略の一つが典型的な問題の網羅でした。よく出る問題をパターン化してテキストに収め、それらを理解したうえで記憶してもらうのです。この戦法は、一見すると暗記とは程遠いように思われる数学にさえ適用され、暗記数学という俗称もできました。

さはさりながら、問題集に採用されている問題をそのまま出題してしまっては、これまた平均点が高くなりすぎます。だから、典型的な問題を組み合わせたり、色々と設定を複雑にしたりすることで平均点を調整します。従って、受験生はパターンを記憶するだけでなく、自由自在に使いこなせるように練習することとなります。

そんなことをせず、シンプルにパターンから大きく外れる問題を出せばよいように思われます。しかし、そう簡単にはいかないのです。次の文章は、二〇二〇年に出題された京都大学の入試問題に対する講評です。

昨年度までの標準問題が少なくとも4問ほどあった面影はどこにもなく、どれも完答が難しい問題が揃っている。今までの練習が反映できそうなものは大問1、大問2(2)ぐらいで、それ以外は部分点を掠め取る方針で闘うしかない。(出来が良くないという意味で)数学で差がつかない、つけられないところまで難易度を引き上げては入試として機能するのか眉をひそめる。

(東進ハイスクール『国公立二次・私大　解答速報　京都大数学　前期』http://27.110.35.148/sokuho/data/2020/1c/m02/m1c202001s0.pdf)

「標準問題」とあります。これは「今までの練習が反映」できる問題のことであり、意訳すると「予備校が想定済みの問題」とでも言えるかと思います。予備校できちんとトレーニングをすれば解けるということです。こうした訓練を重ねた受験生ばかりが合格してしまう事態を、大学側が歓迎しないことは容易に想像がつきます。

その一方、標準問題から外れる問題ばかりを出題すると、たいていの場合は難しすぎる問題ばかりになってしまい適切な平均点になりません。

採点基準を甘くすることで調整するという手段もありますが、当然ながら限界がありま す。だから、標準問題をある程度は出題するケースが大概であり、受験生はそこにターゲットを合わせた勉強に終始しがちです。標準問題から外れる難問には手を付けず、他の問題を確実に正解すべきだとする指導もよく目にします。

点数差がつかないという欠点に目をつぶり、標準問題から外れるものをたくさん出すという方針もありえます。一時期の東京大学は、そんな思惑があったのではと推測されるほど難しい問題が目につきました。

たとえば、『大学への数学　入試の軌跡／東大（第56巻第6号）』には、二〇〇四年の理系数学を「得点のしにくさでは〝史上最難〟ともいえるほど」としたうえで、「大半の人が3割も取れなかったでしょう」という講評が掲載されています。これはこれで、入試のあるべき姿の一つだとは思います。

ところが、これほど平均点が低すぎると、もはや個別試験の数学は捨てた方がよいという戦略が成立してしまうのです。いくら勉強しても高得点が望めないならば、限りある時間を他の教科に使った方が合理的になってしまうわけです。これでは、てんで数学ができない理系の学生が誕生してしまいます。

適切な難易度で、しかも標準問題から外れている入試にすればよいとの声もあるかと思います。しかし、大学教員が忙しい合間を縫って作問するのに対し、受験産業は膨大なマンパワーによって必死に攻略するのですから、流石に多勢に無勢というものです。そんな都合のよい問題を作問するという難しくて時間のかかる仕事を、忙しい大学教員に求めるのは過剰要求でしょう。

また、大変に学力が高い京大受験生でさえ、標準問題から外れる問題はなかなか解けないという事実から、適切に作問することの難しさが改めて浮き彫りになります。京大受験生より学力の低い高校生が集う大多数の大学では、なおのこと標準問題から逃れられないのです。

一方、標準問題から外れる問題を解ける生徒が数学的な資質を持っているのかと問われると、それはそれで別途検証が必要です。中学一年で中学数学を終わらせてしまうような、超詰め込み教育を実施する塾が象徴的ですが、そこでの「標準」は一般的な受験産業にとっての「標準」ではなくなっています。出題頻度の低いものまで含め徹底的に学習するため、入試問題が標準から外れれば外れるほど、受験テクニックの申し子のような生徒を優遇する可能性も考えられるのです。

大学側が望むような生徒を獲得するためには、検証・検討するべきことが山のようにあります。

京大数学に見る作問の難しさ

京都大学の入試問題を具体例とし、作問の難しさを具体的に見ていきたいと思います。

n^3-7n+9 が素数となるような整数 n を全て求めよ。（二〇一八年、京都大学）

まず、与えられた式を次のように変形してみます。

$n^3-7n+9=n^3-n-6n+9=(n-1)n(n+1)-6n+9$

ここで、$(n-1)n(n+1)$ は、1、2、3や6、7、8のような三つの連続する整数であり、三つのうちの一つが3の倍数になっていることが分かります。よって、この三つの整数の掛け算は必ず3の倍数になります。$-6n+9=3(-2n+3)$ も3の倍数なので、問題文で与えられた式も3の倍数で決まりです。

3の倍数の素数は3しかありません。だから、3の倍数である n^3-7n+9 が素数になるとき、その値は3になることが確定します。そこで、$n^3-7n+9=3$としたうえでnを求めれば、$n=1, 2, -3$と解を出せます。

数式を変形する方法が、あまりにトリッキーに思えるかもしれません。しかし、これは一定の定石を習得さえすれば十分に解答可能な問題です。本問のような素数に関する問題の場合、因数分解等で数式の変形をしたうえで性質を調べるという方法はよくある解法なのです。もちろん、式の変形の仕方には数多のパターンがありますので、類題をたくさん解いて変形の仕方を蓄える必要はあります。

また、式の変形をする際には「偶数の素数は2だけ」「3の倍数の素数は3だけ」といった定石を念頭に置くと正解に近づけます。この定石はあまりに当然のことのように思われますが、これらを意識して式変形をするのとそうでないのとでは、答えにたどり着くまでのスピードが違ってきます。偶奇や何の倍数であるかが分かるような変形を意識すればよいということです。

もう一つ、具体例を考えてみるという定石もあります。この式に$n=0, 1, 2, 3$と代入してみると、答えはそれぞれ9、3、3、15と具体的な値になります。そしてこれらの具体例から、どうやら3の倍数になる「らしい」ことが分かります。

この場合、あくまでも「らしい」なので、数学的に3の倍数であることを示さなければ解答に使えません。しかしそれさえできれば、あとは $n^3-7n+9=3$ として正答できます。先のように式を変形して3の倍数であることを示してもよいですし、もっと簡単に示せる別の定石も存在します。

ここで紹介した解法が示唆するように、数多くの定石をできるだけ習得し、それらを自由自在に使いこなすことが攻略の第一歩となります。こんな定石によって解答されてしまっては、いったい何の能力を計測しているのか分かったものではありませんから、良い問題を作るのは本当に大変です。

†受験勉強は役立たないのか

x, y を自然数とする。

(1) $\frac{3x}{(x^2+2)}$ が自然数であるようなxをすべて求めよ。(二〇一六年、北海道大)

この問題も、数を代入し複数の具体例をつくることで性質の見当を付け（仮説の設定）、それが正しいことを確認できれば（仮説検証）速やかに解答できます。

高校数学の場合、自然数は1、2、3、4、5といった正の整数を指します。順番にxに代入してみると、1、1、$\frac{9}{11}$、$\frac{2}{3}$、$\frac{15}{27}$です。これらの具体例から、この式にどんな自然数xを代入しようとも、おそらく0から1あたりの値にしかならないだろうという仮説が立てられます。

さて、それではこの仮説は、正答（問題解決）するにあたって有用でしょうか。仮説が正しかったとしても解決に役立たないのであれば意味がありません。つまり、検証する前に、解決に貢献できる良い仮説であることを確かめておく必要があります。

有用か否かの確認は、このケースでは具体的にシミュレーションすればよいだけなので簡単です。たとえば、この式が2未満の値しか取らないとしたら、2未満の自然数は1しか存在しませんので、$\frac{3x}{(x^2+2)}=1$で決まります。あとは、シンプルに方程式を解けばよいのですから、この仮説は良い仮説だと分かります。

もっとも、この手の整数を取り扱った問題の場合、値の範囲を絞ればよいという定石が存在しますので、トレーニングを重ねた受験生であれば有効性の確認などしないでしょう。値の範囲を絞る方法は少し手間なので説明を省略しますが、基礎学力を備えた受験生であれば必ずできます。

結局、絞られた範囲によって$\frac{3x}{(x^2+2)}=1$と決まり、あとは計算するだけで正解に到達します。

あえて「仮説の設定」や「仮説検証」といったビジネス書で目にする言葉を使ってみました。後ほど問題提起をしますが、本当に既存の受験勉強は仕事の役に立たない代物なのでしょうか。また、大学入学後に使えない知識と言えるのでしょうか。

私自身、入試における定石のなかには、受験以外には役に立たない下らないものが相当紛れていると実感しています。このままの入試ではダメだとも思っています。

しかし、改革の議論を追えば追うほど、既存の入試問題や、それを解くための勉強法を把握せずに議論が進んでいるように思えてならなかったのです。今の入試を全否定するような発言も散見されました。既存の入試の良いところは素直に肯定し、そうでないところは直すという漸進的《ぜんしんてき》な改善をする方向性だってあるはずですが、今回の議論ではそれがなかなかできませんでした。

これも後述しますが、現状の入試を冷静に肯定する主張が力を持ちにくい仕組みがあったのです。

†力をつけていく攻略側と弱体化する作問側

作問側の苦難は大学改革とも関係しています。一九九一年の大学設置基準の大綱化《たいこう》により、教養課程の教育が廃止されたのです。一般教養を担当する専任教員が不要になった結果、作問体制が弱体化したと言えます。そのうえ、大学教員の仕事量が年々増え、しかも予算が削減される傾向にあるのですから、ますます適切な作問が難しくなります。

その一方、攻略する側は進歩し続けています。もはやスマートフォンは高校生にとって必需品ですから、ネット上の受験情報が容易に手に入るようになりました。インターネット予備校「スタディサプリ」のように、スマホ上で気軽に授業が視聴できる有料サービスも登場しています。東京五輪で男女が金メダルを獲得したスケートボードでは、ＳＮＳを活用した技術の共有によって日本の競技レベルが向上したと、スケートボーダーが語るように、ネットを活用し能力を向上させる若者たちは分野を問わず多く見られます。

ネットの恩恵は、地方の高校生にとって特に大きいと言えます。地方のなかには、地理的な関係で事実上進学先を選ぶ余地がほとんどなく、仕方がなく近所の高校に進学する生徒もいます。しかも、その近所の高校は往々にして進学校とは言えない学校であり、受験情報が不足しがちです。

ネット上には極論が渦巻いているものの、一定の判断力がある地方の高校生からすれば、喉から手が出るほど欲しい情報が手に入るネットは強力な武器になります。学習指導をするユーチューバーが多数存在するように、今や勉強を教えてくれる指導者は学校や塾の先生だけでなく、ネット上にもたくさんいるわけです。

たとえば、ＴＯＥＩＣ満点の予備校講師である森田鉄也氏は、ＹｏｕＴｕｂｅ上でチャンネルを開設しており、英語学習を中心として多数の動画を投稿しています。そのなかでも大変に興味深かったのが、早稲田大学理工学部の英語の試験問題に関するものです。同試験が予備校講師やネイティブの間でたびたび解答が分かれるほど難しく、英語入試のなかで最も難しい試験であるとする内容でした。それほど難しければ英語で点差がつかないでしょうが、それが狙いなのかもしれません。

しかしながら、予備校講師やネイティブの間でさえ解答が分かれるというのは、悪問・奇問というよりも出題ミスの範疇《はんちゅう》ではないでしょうか。なにが悪問で、どういった入試問題が理想的であるのかは、本書で後ほど検討していきたいと思います。

†センター試験にも影を落とす平易な難問

各大学が実施する個別試験だけでなく、センター試験のような共通試験にも平易な難問が見られます。

たとえば、紛らわしい選択肢で受験生を惑わす国語です。

> 選択肢をチェックする際、現時点では、まだ「◎」とも「×」とも判断できない箇所には「△」を付けます。「△」は、「びみょ～」といった、消極的な〝保留〟ではなく、「△」という積極的な〝判断〟だと認識してください。この「△」を使いこなすことが、九割超えの重要なポイントとなるのです。
>
> その理由は……正解の選択肢が、いつでも「キレイな大正解◎！」とは限らないからです！

正解の選択肢が、本文をソックリそのままコピペしたような文だったら、みんなが楽勝で正解できちゃうでしょ？　それじゃあ困るということで、出題者は本文の内容を、×にならない程度に言い換えたり捻じ曲げたりしてきます。その結果、「◎とも言えないが…×とも言えない」＝「△、だけど、正解」という悩ましい選択肢が誕生するのです。

（宮下善紀著『最短10時間で9割とれるセンター現代文のスゴ技』ＫＡＤＯＫＡＷＡ、二〇一四年）

同書には、紛らわしい選択肢のせいで読解できても正解できるとは限らないといった旨と、その具体例および正答を探るための方法が記載されています。センター国語を経験した方の多くは、こうした記述に共感するのではないでしょうか。

さて、「キレイな大正解◎！」ばかりだと、みんなが正解してしまい困るということですが、これは選択肢ではなく文章そのものを難しくすれば解決しそうなものです。国際基督教大学（ＩＣＵ）の入試のように、難しい文章を読解すれば正しい選択肢にたどり着ける試験の方が本来あるべき姿でしょう。ＩＣＵの入試は、選択肢が随分と素直です。

ところが、こうした難解な文章を出しにくい事情があります。共通一次試験・センター試験には、同試験の導入以前に見られた難問・奇問を排し、基礎的な学習の達成の程度を判定するという目的があるため、難問と見なされそうな文章は、原理原則的に言えば出すべきではないのです。

また、ここ数年、現役志願率（現役志願者数÷新規高卒者数）が四〇％を超える水準で推移しているように、センター試験は幅広い学力の生徒が受験するため、おいそれと難解な文章は出しにくいという事情もあります。同時に、各々の受験生の学力にとって、適切なレベルの文章を出すのが困難であることも分かります。

†知識量と入試の得点

国語の話題になりましたので、読書との関係についても触れておきます。

読書をすれば国語の成績は上がりますかといった質問を、生徒や保護者から時々受けます。しかし、ちょっと返答に窮します。イエスともノーとも言える、なかなか際どい質問だからです。概して言えば、効果は見込めるものの効率が悪いのです。

個別試験における現代文も選抜試験なので、適切な平均点になるような、ほどよい難易度の文章が求められます。また、文章を正確に読解できる能力を計測するのですから、知識がなくても解ける問題にしなくてはなりません。というよりも、特定の知識があればすぐ解けるような問題は望ましくありません。

この二つの条件だけでも、大学入試で出題されやすい文章がかなり絞られます。要するに、論理を丁寧に追えさえすれば読解できるものの、決して容易には読めない文章が好まれるわけです。

次に引用する文章は、二〇一五年度に出題された岩手大学の入試問題です。岡部勉氏の著書『合理的とはどういうことか――愚かさと弱さの哲学』（講談社選書メチエ）の第一章から抜粋した文章を読んだうえで解答する形式になっています。

問二　傍線部(b)「自然的存在（人類の唯一の生き残りである私たちは自然種ホモ・サピエンス・サピエンスと呼ばれる自然的存在です）としての成熟と人間としての成熟を区別した方がよいと思います」とあるが、これら二つの「成熟」はどのような点で異なると筆者は述べているか。一〇〇字以内で説明せよ（句読点も一字に数える）。

（教学社編『2018年版　大学入試シリーズNo.13　岩手大学』教学社、二〇一七年）

「筆者は述べているか」とあるように、解答者の考えは基本的に問われません。また、この問題を読めば分かるように、いかに知識が豊富な高校生とはいえ、文章そのものを読解しなくては正解の見当がつきません。「人間としての成熟」は何かと問われても、それは三者三様の解釈があるため、著者が書いた文章を読まないと分かりえないわけです。

このように、文章の論理を正確に追うことで「著者の考え」を特定し正答を目指すため、自前の知識は必要ありません。解答の根拠は事前に蓄えた知識に求めるのではなく、試験中に読解する文章のなかから発見するのです。そして、そんな読解のための定石を習得し、使いこなせるよう練習をすることが肝要になります。

読書を重ねれば点が取れるようになるかもしれませんが、それよりもずっと効果的な学習法があるわけです。

しかしながら、知識がまったく役に立たないわけではありません。

たとえば、入試問題には「アウフヘーベン」とか「イデア」といった、高校生からすれば見慣れない言葉がたびたび登場します。これらの言葉を知らなくても、文章を正確に読めばきちんと正解できるようになってはいます。が、事前に知っていれば読解が容易になることも事実です。ただし、一般的な意味とは違った使われ方をしているケースがあることに留意する必要はありません。その場合、文章を正確に読むことで意味を確定しなくてはなりません。

また、相対した入試問題と似通ったテーマの文章を一定量読んでいれば、読解の途中に論旨を推測するのが楽になります。裏返せば、特定のテーマだけが苦手である場合、そのテーマに係る評論文の読み込み不足により、なかなか読解できないのだと推測できます。これもまた、広義の意味で知識不足と言えます。

知識は正答を導く決定打にはなりえませんが、正答に到達するための補助輪にはなるのです。このように考えてみると、特定分野の読書を通じ知識を補強するという方法も、あながち悪くはなさそうです。

しかし、それでも短期的な成績向上を目指すのであればおすすめできません。現代文の頻出用語を収録した参考書がありますので、その内容を理解・暗記した方が効率的ですし、そもそもそうした知識がないと解答できないならば、肝心かなめの読解力が欠如している可能性が高い。だから、真っ先に目指すべきは知識の習得ではなく読解力の向上です。また、苦手分野の評論文に慣れつつ知識を補強したいのであれば、その分野の問題を集中的に解く練習をした方が効率的です。

それともう一つ、先ほどの数学と同じ話ですが、本当にすべての定石は受験以外には役に立たないのでしょうか。選択肢を絞り込むテクニックのようなテスト以外には使えないものがある一方、文章を正確に読解するための定石は汎用的に有用なものでしょう。私自身、未だに抽象的で難解な文章を読むときは、読解のための定石を使用しています。

†それでも、読書を推奨したい

読書不要論を延々と唱えてしまいました。しかしまだ時間に余裕のある高校一年・二年の段階であれば、読書は大学受験に役立ちます。彼らに対し私は強く読書を推奨します。たとえば、大澤真幸氏の『社会学史』（講談社現代新書）です。まず、社会学について理解を深められる入門書であるため、学部選びにとって有益です。学びたい学問が定まりさえすれば、それが学習意欲の喚起につながるのは当然でしょう。

また、大澤真幸氏の文章が大学入試に出題されやすいのもポイントです。つい最近も、ベネッセの進研模試で同書が出題されました。入試に採用されやすい文章に慣れておいて決して損はありません。さらに言えば、社会学は高校生にとって馴染《なじみ》の薄い分野です。知識が不足しがちであるため、社会学をテーマとする評論文が苦手な生徒も多いでしょう。読解に役立つ基本知識の補充にも使えます。

同書は六〇〇ページを超えるため、高校生が読むのは大変かもしれません。しかし、だからこそ尚更おすすめできます。大学の四年間をかけて勉強することを考えれば、これくらいの分量を読めなければ進学しない方がよいと思うからです。

今、ネットで検索をすれば、手軽に色々な情報が手に入ります。各学部の要点をまとめたサイトもすぐ見つかります。サイトを作成した方が工夫をこらしているため、どの学部も楽しそうに見えてきます。関心を持つための入り口として適切でしょう。

でも、あくまでも学部選びの入り口であり、それだけでは足りません。是非、何か関心を持てる学部が見つかったら、『社会学史』と同様の特徴をもった入門書に手を伸ばしてほしいです。自分で選ぶのが大変ならば、信頼できる先生に聞いてみればよいと思います。

保護者の立場からすれば、こうした本をとりあえず揃えるだけ揃えて、リビングかどこかにそれとなく置いておくだけでも効果が期待できます。お子さんが中学生であれば入門書は厳しいので、岩波ジュニア新書・ちくまプリマー新書・中公新書ラクレといったレーベルから、将来を考えるうえでのヒントとなりそうな良書を選べばよいと思います。

ゲーム好きのお子さんには『eスポーツ選手はなぜ勉強ができるのか——トッププロゲーマーの「賢くなる力」』(小学館新書)がおすすめです。ゲームに熱中する子供にとっての憧れのプロゲーマーたちが、勉強はゲームに役立つのだと主張しています。同書の効果なのかは分かりませんが、読了した当塾の生徒は成績が向上しました。本人曰く、ゲームの攻略と同じように戦略を立てたのだそうです。

たしかに、短期的な成績アップを目論むのであれば読書は不要です。しかし、まだ時間的な猶予《ゆうよ》があるならば、そして大学入学後の人生も考えるならば、読書は役立つのだと自信を持って言えます。

†受け入れられない知能検査

先述したICUの入試について補足をします。早慶上智ICUとも称されるように、同大学は知る人ぞ知る難関大学です。

ICUの入試でセンター試験の現代文に比較的近い科目は、「人文・社会科学」と「総合教養」です。知識を問われる試験になってはいるものの、重箱の隅をつつくような問題は出題されません。最低限の知識があって、難しい文章を正確かつ速やかに読解できる生徒であれば合格点が取れるようになっています。ただ単に知識を詰め込んだ生徒ではなく、ポテンシャルの高い生徒に入学してもらいたいという意図を感じますし、これはこれで合理的な選抜方法の一つだと思います。

しかし、仮に先述の共通一次・センター試験の目的が撤廃されたとしても、ICUの試験に類するものを共通試験で実施するのは困難でしょう。

以前から、ICUの入試は知能検査のようだという評価がありました。受験勉強で得られる些末な知識が問われるのではなく、そもそものポテンシャルが重要な試験だということです。

実際、当塾にも高いポテンシャルを存分に生かし、ICUに合格した女子生徒がいました。家庭では宿題をする程度の勉強しかしないのに、マーク試験の国語・英語の成績は抜群によい。一方、社会科の記述試験のように、ちゃんと受験勉強をしないと手も足も出ないテストは点数が取れない。他の生徒からすれば、なんとも羨《うらや》ましい資質を持った生徒です。野心のない生徒だったので、現状維持で地方国立大に入学しようとしていましたが、親御さんの考えで当塾にやってきたのでした。

そんな彼女の成績は、国語・英語以外の科目が足を引っ張りICUはE判定でした。しかし、これだけ能力があるならばもしやと思い過去問を解かせてみたところ、合格最低点に届きそうな点数をいきなりマーク。その後、過去問演習と少しの対策をしただけで、E判定のまま合格してしまいました。難しい英語は最低限の点数を取り、他の科目で高得点を取った結果です。知能検査だとする声が聞こえてくるのも、確かに仕方がないなとも思いました。

さて、共通試験が知能検査と目されるような試験になったとしたら、国民や学校現場は受け入れるでしょうか。これは理屈の話ではなく感情の問題です。そしてまた、本当に知能検査的な試験かどうかではなく、そう見なされるか否かの問題でもあります。人生における一大イベントの感さえある共通試験において、日頃の勉強の成果があまり反映されないばかりか、先天的なポテンシャルが最も重要と判断されてしまう試験に反発が生じるのは想像に難くありません。

このように、共通試験には個別試験以上に様々な制約があります。だから、あれこれと色々な役割を期待するべきではありません。

共通試験の作問は、多大な努力によって大変緻密になされています。本当に頭が下がる思いです。第一回目の大学入学共通テストも、なるべくパターン暗記で解答できないよう様々な工夫がなされていました。

しかし、要求が大きすぎるが故に様々な欠陥が生じてしまっています。適切な平均点にするため問題の分量が増えすぎてしまい、単なる情報処理能力が重要になっている点もそうです。平均点への配慮が不要な資格試験であれば、もっと良い問題になっていたと思います。これは作問側の責任ではなく、過大な役割を押し付けた側と、下らないテクニックで攻略にかかった側にあることを強調しておきます。

†センター試験の目的を度外視するかのような問題

基礎的な学習の達成の程度を判定するという本来の目的をなおざりにして、適切な平均点に調整しようとするケースも見られます。先ほど紹介した選択肢をややこしくするという方法や問題の分量を増やすだけでは限度があるため、問題そのものの難易度が上がっていったのです。受験産業による攻略の進化に応じて、作問側も問題を難しくする必要に迫られたのでしょう。

次に紹介する共通一次試験・センター試験の数学に関する文章からも、問題が難化していったことが分かります。

本書によって1979年から2005年までに実施された「共通1次試験」および「センター試験」の本試についてはすべて概観できるわけであるが、こうしてあらためて27年間分の問題を通覧してみると、質、量ともにずいぶん難化、重量化したものだ、という感慨を禁じ得ない。実際、1980年の共通1次試験は5題100分であり、こう言ってよければいずれも牧歌的な問題ばかりである。対して2005年のセンター試験の問題は、数学Ⅰ・A、Ⅱ・B併せて7題120分であり、問題文も80年当時のものに比べて格段に長い。

（聖文新社編集部編『30ヶ年共通一次・センター試験〔数学問題〕総集編：昭和50年（1975）~平成17年（2005）』聖文新社、二〇一〇年）

二〇〇五年以降も続いた難化のトレンドは、数学のみならず他の教科においても見られます。共通一次や初期のセンター試験では到底考えられなかったレベルの問題が出題されるほど、格段に難しくなってしまったのです。

少子化が進み受験戦争は緩和されたうえ、教科書は薄くなっているらしい。きっと我々が受けた共通一次試験やセンター試験の方が、現在のセンター試験より難しいに違いない。なんてステレオタイプな主張を目にしますが、それは明らかに事実誤認です。

蛇足ですが、多くの難関大で現代社会という科目が使えなくなったため、理系受験に存在していた抜け道が一つなくなりました。ある種の適性がある高校生ならば、何も勉強せずとも八割を狙える科目が現代社会だったのです。近年だと、昔より難しくなったので八割は難しいでしょうが、少なくとも私が受験した二〇〇四年あたりまでは、本当に勉強なしで八割が狙えました。

それを傍証するのが、当時の現代社会の平均点です。多くの理系受験生が、対策をせずについでに受験するという状況だったにもかかわらず、他の社会科と平均点がほぼ同じだったのです。以前だと、社会科二科目のうち高得点の方を採用するシステムだったので、ダメでもともといった具合で多くの受験生が現代社会を受けたのでした。これでは、科目間の難易度差が相当大きいことが推察されるため、公正な試験だとは言えません。難関大の対応は正解だと思います。

†誤解と対立を生みやすい教育論争

たしかに、センター試験は難化していきました。当塾の生徒に共通一次試験や初期のセンター試験の問題を解かせると、笑ったり怒ったりする生徒さえいます。大人たちから、なんでセンター試験ごとき点数を取れないのかと叱られた経験がある生徒からすれば、こんな簡単な問題でこの程度の平均点しか取れないくせに何を言うか、といった具合なのでしょう。

しかし、現役世代の方が高い学力を有しているとは言えません。共通一次試験やセンター試験の重要性・役割の変化、攻略技術の進化といった様々な要因があるため、おいそれと学力が上がったとか下がったとは言えないのです。

有名なＰＩＳＡショックについても同じようなことが言えます。ＰＩＳＡショックとは、二〇〇三年の学習到達度調査（ＰＩＳＡ）で、日本の順位が大きく低下したと「見なされた」現象を指します。

ゆとり教育が厳しく批判された一因でもありました。しかし、前回調査と二〇〇三年では参加国が増えているうえに、ゆとり教育により教科書が三割削減されたのが二〇〇二年度からです。順位が低下したとして、その原因をゆとり教育に帰するのは短絡的としか言いようがありません。また、二〇〇九年や二〇一二年にはＰＩＳＡの成績が上昇したと見なされましたが、それらのテストを受けたのはゆとり教育に浸ってきた世代です。その後に実施された成績の推移をみても、ゆとり教育／脱ゆとり教育で学力の上昇／低下を説明するのは無理があります。

そもそも、学力を定義すること自体が難しい。やや皮肉めいた言い方をすれば、ＰＩＳＡに特化した授業なり対策をするだけで、ＰＩＳＡの順位は上がるとは思います。ＰＩＳＡのような問題を教科書にたくさん掲載すればよいのです。一方、ＰＩＳＡとは似ても似つかないテストで学力調査をすれば、ＰＩＳＡ型の勉強ばかりしていた生徒の結果は芳《かんば》しくないはずです。

学力と一言でまとめても、それが意味する内容は多岐にわたるため、学力テストの内容は大きく異なります。当然ながら、どんな学力が問われているかによって、高得点を取りやすい勉強法は違ってきます。

緻密な調査によって、学力について冷静に考察している方もいらっしゃいます。しかし、巷でよく耳にする学力に関する主張の多くは、先に挙げたような留意点に無頓着なものが多く、信憑性に欠けるものであることが多いのです。だから、安易で特定の世代の溜飲を下げそうな学力に関する話は、眉に唾をして聞いていただきたいと思います。少なくとも、必死に勉強する受験生たちに投げかけることだけは厳に謹んでほしいです。学習意欲が低減するのみならず、あらぬ対立を生むだけであり百害あって一利なしです。

†実は増え続ける社会科の用語

誤解を生みやすいと言えば、社会科に関する話もそうです。

有識者の方々と討論をしたときの話です。テーマは教育ではありませんでしたが、話はあらぬ方向に進んでいき、私は倫理の教科書を事例としたうえで、社会科の教科書は知識を詰め込みすぎていると主張しました。

倫理の教科書には、様々な哲学者が登場します。網羅的かつ手早く基礎知識を復習できるので、この手のテーマについて関心がある社会人であれば、とてもよい教材になると思います。

しかし、まったくの初見である高校生たちからすると、解説が不足している感は否めません。ハーバーマス、ヘーゲル、西田幾多郎《にしだきたろう》といった、真剣に取り組めば大変な苦労を強いられる面々の思想でさえ、せいぜい一ページ程度の分量で紹介されてしまいます。限りあるページ数にあれこれと詰め込みすぎるため、一つ一つの知識がいい加減なものになりかねないのです。学力という言葉は容易には定義できませんが、教科書にたくさんの知識を詰め込めば学力が上がるとする主張は安直です。

話を討論に戻すと、先の主張をした途端、ある識者から強い反論を受けてしまいました。ゆとり教育で薄くなった教科書をやっとのことで厚くしていったのに、そんな主張はおかしいといったものでした。

この主張は、半分は正しいと思います。指摘の通り、ゆとり教育の導入時は教科書が薄くなりました。しかし、世界史や日本史のように用語が増え続けているため種々の弊害が生じている教科もあるのです。

受験世界史研究家の稲田義智氏は、難問を「一応歴史の問題ではあるが、受験世界史の範囲を大きく逸脱し、一般の受験生には根拠ある解答がおおよそ不可能な問題」、奇問を「出題の意図が見えない、ないし意図は見えるが空回りしている問題。主に、歴史的知識及び一般常識から解答が導き出せないもの」と定義したうえで次のように主張します。

受験生が受験勉強に費やせる時間は時代が変わろうとも大して変わらない。にもかかわらず年々覚えるべき用語の量は増えていく。するとどうなるか。一つ一つの用語に対する掘り下げが浅くなっていき、用語の名前と簡潔な内容と年号を覚えたら終わり、というようにしなければ、とてもじゃないが範囲がすべて終わらなくなっていくのだ。(中略)

ところが、やや矛盾した話だが、早慶上智のような超難関校の受験生になると、さすがに重要とされる用語くらいはすべて覚えてから受験に臨んでくる。だから、重要語句だけ出す入試では差がつかない。そこで用語集頻度の低い用語や、まったく範囲外の用語の出番となる。論述試験ならば重要語句だけでの作問でも難問かつ良問は作れるし、マークシート形式でも練りに練れば良問を作れないこともない。しかし、そこで論述問題を出題したり、練りに練った作題をしたりという努力を大学側がするかといえば、前述のとおりである。こうして本問の定義するところの「難問」や「奇問」が誕生する。

(稲田義智著『絶対に解けない受験世界史2――悪問・難問・奇問・出題ミス集』パブリブ、二〇一七年)

稲田氏の主張から、用語を増やせば良いという簡単な話ではないことが分かります。
稲田氏は、次のような大学への要望も記しています。

範囲外からは出題しないこと。教科書・用語集を読み込むこと。なるべくその分野の専門家が作ること。それができないならば厳重なクロスチェックを行うことといった、至極まっとうなお願いです。換言すれば、こうした基本的なことを作問側ができていないということなのでしょう。大学の先生方からも、そんなお粗末な作問の様子が漏れ伝わってきます。

この作問体制の不備は、病膏肓《やまいこうこう》に入《い》ると言っても過言ではない状況に達しています。なにせ、作問を受験産業に外注する大学まで存在しているのです。難問・奇問を出題されるよりはマシという考え方もあるでしょうが、流石にどうかと思います。

†そもそも良問とは何か

良問というフレーズが出ましたので、ここで定義をしておきます。これは良問でこちらは悪問だ、みたいな話は大学受験を経験していれば一度や二度ならず目にするものですが、その明快な定義はなかなか見当たりません。

しかし、答えはシンプルです。各大学が勝手に決めればよいのです。不遜《ふそん》かもしれませんが、各大学が良問だと認定すれば、それが良問になります。各大学・学部によって求められる能力が三者三様なのですから、そうならざるを得ません。

ただし、良問かどうかは事後的にしか判定できません。問題を通じて計測したい能力・資質等があり、それらがきちんと測れていることが追跡調査等で判明してはじめて良問だと分かるわけです。

また、第一章で先述した早稲田大学理工学部の英語のように、選択問題であるにもかかわらず答えを一つに特定しかねる問題は出題ミスの可能性があり、良問／悪問の判定以前の話です。出題範囲外の知識がなければ解けない問題や、問題文に矛盾があり解答不能なものも該当します。

その他、知能検査のような問題、模範解答の作成が困難な珍妙な記述式問題、常軌を逸した難問等、色々な形がありますが、出題ミスの類でない限りすべて許容すべきであり、第三者が良問／悪問を判定するのは不可能だと考えます。

作家の二宮敦人氏の著書『最後の秘境　東京藝大——天才たちのカオスな日常』（新潮

社）では、あまりに奇抜な入学試験の様子が描かれていますが、求める能力が特殊なのですからそれでよいわけです。芸術分野でなくても各学科特有の求められる能力があるはずなので、むしろ既存の選抜方法が普遍的すぎるのです。

大学入学後に専攻が決まるシステムであれば、普遍的な入試でもよいと思います。しかし、日本の多くの大学は、入学と同時にある程度は専攻が決まってしまいます。だから、本来であれば入学試験の断面で、その専攻に対する適性を計測するべきです。そういった意味で、東京藝大の入試は奇抜でも何でもなく至極まっとうでしょう。

†誰にとっての良問か

さて、そもそもですが、今回の改革は「高大接続改革」でした。高校と大学をつなぐ個別試験は、大変に重要なつなぎ目だと言えます。そして、そのつなぎ目のあり様は各大学・学部によって異なるため、共通試験にその役割を担わせるのは無理です。

ところが、今回の改革で膨大なマンパワーが投入される予定だったのは共通試験でした。共通試験は大変多くの受験生が受けるため、すべての学生に求めるベーシックな知識を問うのには適した試験です。その一方、思考力・判断力・表現力のような、各大学・学部によって解釈が分かれる多義的な能力を判定するのには不向きです。

他方、良問／悪問の判定は各大学にしかできないと先述したものの、実のところ私自身、これは良問だなと思うことが多々あります。この問題と向き合えば得られる学びが大変に多いと感じるとき、高校生に推奨したい良問だと思うわけです。

優秀な高校生を選抜したい大学と、高校生の学力向上を目的とする受験産業とでは、良問の定義が変わってきます。

二〇一六年に東京大学で出題された複素数平面の問題も、そんな良問の一つでした。「zを複素数とする。複素数平面上の三点$A(1)$, $B(z)$, $C(z^2)$が鋭角三角形をなすようなzの範囲を求め、図示せよ。」という簡潔な問題です。

別解が豊富にあり、そのそれぞれに学ぶべきポイントがあります。東大とはいえ、徒《いたずら》に難しい問題ではありませんので、複素数平面が不得意な生徒に是非ともチャレンジしてほしい良問です。

しかし、これが本当に大学にとっても良問だったのかは分かりません。追跡調査をした結果、この問題が良問どころか悪問だったということだって十分にありえます。ある大学にとっての良問を作成するには、追跡調査によって知見を積み重ねたうえで、その大学特有のノウハウを構築するしかないのです。

↑意図しない方法で攻略する受験生

難問・奇問が存在するためか、思いもよらない方法で攻略にかかる受験生もいます。たとえば、選択肢だけで解答を導くとするテクニックです。

英文の内容がよくわからないとき、「意味がよくわからないなりに、なんとなく同じことを言ってそうな」――つまり本文と「表面的に似ている」選択肢を選ぶことになりがちだ。

出題者としては、そうやって当てられたのでは、よくわかっていない受験生にまで正解されてマズイ。

そこで、そういう受験生は正解を選べないように、正解は本文と（もちろん内容的には一致しているが）表面的にはなるべく類似させないようにする。（中略）

これは大変にありがたい話なのだ。なぜなら、このことを逆用すれば、「表面的に類似している選択肢は最初から×とわかってしまう」ということなのだから。

（津田秀樹著『センター試験㊙裏技大全【英語】2018年度版』洋泉社、二〇一七年）

こうしたテクニックに対策を施している大学もあるでしょうが、完璧に防ぐのはかなり難しいと思います。引用文が示すように、テクニックで解けないようにすれば、今度はいい加減にマークする受験生が正答してしまうというジレンマがあるためです。

津田氏が主張する「選択肢だけで正解できる」は大げさだと思います。しかし、どうしても選択肢を絞り切れない際には一定の有効性があります。こうしたテクニックが登場した背景には、奇問と言ってもよいセンター試験の紛らわしい選択肢が関係していること、適切な平均点が求められるため素直な選択肢だけでは作問しにくいことを書き添えておきます。

出題者が意図しない方法で正答してしまうという現象は、記述試験でも見られます。数学における包絡線《ほうらくせん》を使用した解法もその一つです。この包絡線は、怪しげな受験専用の言葉ではなく、古典的名著とされる高木貞治氏の著書『解析概論』（岩波書店）にも掲載されている真っ当な代物です。

ただし、包絡線は高校で習うものではありませんし、高校数学の範疇で理解できるものでもありません。だから、包絡線を使用して簡単に解いてしまうという手法は、出題者の想定外だと言えますし、そもそも解答に使ってよいのかという疑念が湧きます（一般的に、大学入試の数学で高校範囲外の知識を使っても減点されないだろうとは言われていますが）。

ところが、この包絡線を高校数学の知識だけで使えるよう工夫し、本来であれば相当難しい問題を楽々と解けるように指導する講師たちが現れました。たとえば、予備校講師の長谷川進氏は著書『包絡線でガッツポーズ』にて、無理なく包絡線を使用し、たちまち問題を解いてしまう方法を披露しています。二〇一四年の東大数学には包絡線で簡単に解けるものがあったため、このテクニックを知っているかどうかで難易度が大きく変わってしまったことになります。

一方、二〇一五年の東大数学はこのテクニックが使えないものとなっていました。もしかすると東大が危惧を覚えて対策をしたのかもしれません。

†信頼性と妥当性

入試の現場で生じている様々な事例を具体的に記してきました。ここでは、こうした事例がどういった問題を引き起こすのか、もう少し詳しく説明します。

テスト理論には、信頼性と妥当性という重要な概念があります。

信頼性は「ブレの程度」に関する話です。基本的な掛け算のテストを五回受けたところ、五回の結果がバラバラだったとしたら、テストの信頼性は低いと考えられます。そのテストを一度だけ受けて高評価だったとしても、本当に掛け算を理解しているのか怪しいものです。

妥当性では「計測したいものを測れているか」を問題にします。化学反応式に関する理解の程度を計測したいのに、問題の文章がややこしいため一定の読解力がないと正答できないならば、テストの結果（＝理解の程度に関する評価）は妥当とは言えません。理解は十分でも読解力に難がある場合、理解の程度は低いと評価されてしまいます。

信頼性と妥当性は、受験テクニックの影響を受けます。

たとえば、受験テクニックで攻略困難な数学の難問ばかりを出題すれば、信頼性は低下する可能性が高くなります。幾何学（図形）の難問を想像すれば分かりやすいですが、一本の補助線を引くという偶然のひらめきが必要なケースでは、偶然という名の「運」が点数のカギを握ってしまうからです。これでは、信頼性の高いテストとは言えません。

一方、受験テクニックで攻略可能な問題ばかりを出題すれば、妥当性が低下するでしょう。思考力を計測したいのに、パズル解きゲームのように攻略されてしまっては、いったい何を測っているのか分からなくなります。論理的思考力を計測したいのに、選択肢を絞り込むテクニックで国語が攻略されてしまう現象も同様です。

しかし、話を混乱させるようですが、実はそうだとも限らないのです。先ほど何の注釈もなしに「思考力」という言葉を使ったものの、この言葉は多様に解釈されるためです。たとえば、ある予備校講師は自著のなかで、高校の教育で最も重視されるべきものが論理的思考力であるとし、英語・数学・古文といった教科は論理思考の訓練の素材に過ぎないと主張しています。この主張からすれば物理も素材にすぎないので、仮に物理学を理解するうえで必須の考え方・思考力が習得できなくても構わないはずです。パズル解きゲームでも十分に論理的思考力は鍛えられるため、問題はないということになります。

これと似たような主張は、マークシート型の試験を擁護する論者にも見られます。正解の選択肢を選ぶためには思考力が要求されるため、記述試験にこだわる必要はないとするものです。「記述試験でないと測定しにくい」思考力と、そうではない思考力が混同されており議論が噛み合っていませんが、ここでも思考力の多様性は見て取れます。

このように「思考力」とは言っても、論者によって様々に解釈ができます。もちろん、学問によっても求められる思考力のあり様は異なります。だから、どの「思考力」が正しいのかは決定できません。あえて言えば、各々の論者や学問の数だけ正解があります。

以上の理由から、思考力のような大きく解釈の分かれる能力を計測したいのであれば、個別試験をするしかないと考えます。思考力を定義して共通試験を実施し、しかも信頼性・妥当性の高いものが完成したとしても、大学から不適切な定義だと判定され次第、その試験の有効性は失墜します。

妥当性と重複する話ですが、試験の難易度も重要です。二〇二一年の大阪大学工学部は、共通テスト九〇〇点を三〇〇点まで圧縮し、個別試験の配点を七〇〇点としているように、難関大では共通試験の配点が抑えられる傾向にあります。難易度の低い共通試験では、適切に能力が測れないと判断しているのでしょう。結局、大学側からみて共通試験の難易度が適切でないと見なされれば軽んじられてしまうのです。

第二章

推薦入試の表と裏

†入試の種類

大学入試は、一般選抜・学校推薦型選抜・総合型選抜の三種類に大別できます。

一般選抜は、筆記試験を主とするオーソドックスな選抜方法です（以下、本書では一般入試とします）。国公立大の場合は大学入学共通テストを受験し、各大学の個別試験へとコマを進めます。例外はありますが、基本的に両試験の点数で合否が判定されるわけです。

私立大の一般入試は、個別試験のみで合否を決める方法が主流です。大学入学共通テストのみで判定されるケースや、双方を活用する場合もあります。学校推薦型選抜は、指定校制推薦・公募制一般推薦・公募制特別推薦の三つが該当します。

指定校制推薦では、大学から高校に推薦枠が付与され、高校内の選考により枠を利用する生徒が決まります（以下、本書では指定校推薦とします）。校内選考の方法はまちまちですが、学校での評定が最も重視される傾向にあるので、定期テストの成績がカギを握ります。校内で選ばれた後、一応大学でも選考があるものの、よほどのことがない限り落ちません。

公募制一般推薦は、指定校制推薦とは異なり学校内での厳しい選考はありません（以下、本書では単に推薦入試と表記します）。大学が要求する出願資格をクリアーし、学校長から推薦をもらえれば受験できます。試験では小論文を含んだ筆記試験や面接が課せられることが多く、それ相応の対策が必要になります。

公募制特別推薦は、スポーツや文化活動を積極的に評価する選抜方法です。特別な実績を上げた生徒が対象となりますので、あまり一般的な入学方法ではありません。

最後に残った総合型選抜は、かつてのＡＯ入試のことです（以後、本書ではＡＯ入試とします）。学校長からの推薦は不要なので「学校推薦型」のカテゴリーから外れています。選抜方法は多様であり一概には言えませんが、筆記試験・面接・小論文・プレゼンテーション等で評価することが多く、一般的に推薦入試よりも準備が大変です。他方、一部の大学でＡＯ入試が学力不問となっていることが指摘され、今回の改革で学力の評価が義務付けられました。評価方法は筆記試験、口頭試問、小論文等、多岐にわたります。

†良い参考書はＡＯ入試にもある

一般入試においては、本書冒頭で紹介したような素晴らしい参考書がある一方、悪問・奇問や杜撰な問題に対し、くだらないテクニックやパズル解きゲームのような攻略を促すものも見られます。

こうした傾向は、ＡＯ入試や推薦入試についても同様です。教育評論家の小杉樹彦氏の著書『ＡＯ入試の赤本』（エール出版社）では、ＡＯ入試を「地道にコツコツ準備してきた人だけが選ばれる」試験だとしたうえで、高校生に向けた有益なアドバイスが記されています。

同書はビジネス書や自己啓発書をＡＯ入試向けにカスタマイズしたような内容になっており、小手先の技術を提供する類書とは一線を画するものとなっています。読みやすい内容なので、ＡＯ入試を目指す高校生が最初の一冊目に読む本として適切だと思います。

くだらないテクニックを伝授するのではなく、同書のように、学校生活そのものの改善を促すタイプの参考書は有益だと考えます。

自分を見つめなおし大学で学びたいことを固めるという作業は、大学入学時にある程度専攻が決まってしまう現状では必須だからです。しかも、それがＡＯ入試合格にとって合理的であると見なされれば、こぞって受験生は大学での勉強に関心を寄せるでしょう。現状見られがちな、偏差値で大学・学部を決めるという悪しき習慣がなくなっていくことも期待できます（もっとも、大学で学びたいことを自力で発見できないこと自体、本来であれば恥ずべきことではありますが）。

また、学びたい分野が決まっている生徒にとっても有益です。どうしてか、分野は定まっているはずなのに、まったく基礎知識がないため頓珍漢な認識を抱いている生徒が多いのです。

よくあるパターンが心理学です。心理学の半分は理系で、統計学をはじめとした数学をよく使うと教えると驚いてしまい、心理学から他の分野に鞍替えしてしまう生徒もいましたし、経済学は数学そのものだと教えると、たちまち経済学から関心が離れてしまった生徒もいました。要するに、なんとなくのイメージで学びたい分野を決めている生徒が多いわけです。

†緻密なAO入試と疑問があるAO入試

良書であるはずの参考書は、AO入試そのものが杜撰だと効力が低減してしまいます。

ある国立大学のAO入試の話です。当塾の生徒の先輩が、授業中は頻繁に寝ているうえに学校の成績が悪いのに合格したのだと言うのです。

先輩が合格したことに不満げであった生徒は、AO入試で使用した資料の画像を入手していました。大学で研究したいことをプレゼンテーションするというＡＯ入試だったので、事前に受験生はプレゼン資料を作成しており、その先輩の下書きが学校に保存されていたのです。

資料を見て、私は大変に驚きました。これなら合格するだろうと思えるほど完成度が高かったのです。品行方正とは言えない先輩で平均評定も低かったようですが、ポテンシャルの高さをうかがわせるには十分です。

ところが、この資料は反則すれすれの代物でした。どうやら、別の大学のオープンキャンパスで公開されていた実験を、ほぼそっくりそのまま真似したようなのです。しかも、同様の実験を取り扱った書籍を発見し、それを参考書籍として資料に掲載したため、表面上は真似事ではなくなっていました。これではまるで用意周到な完全犯罪です。

プレゼン発表後は教授たちからの質問がありますが、実験が大変にユニークなもので、教授たちも専門的な知識を有していなかったためか和やかに終了。プレゼンと一緒に実施された筆記試験は芳しくなかったものの、プレゼンで抜群の成績を上げたため合格に至ったのでした。

事前に準備をさせるタイプのＡＯ入試は、私はするべきではないと考えています。先ほど紹介したインチキはもちろんのこと、高校の先生やＡＯ専門塾による手厚い介入によって資料を作成しているケースが見られるためです。面接にあたって必要な自己推薦調書や志望理由書は必須だとしても、必要以上の資料作成を事前に求めるのはどうかと思います。

ただ、指導の質にはバラつきが見られます。ある学校では、何人かの先生が手分けしてＡＯ入試の指導に当たっていますが、なかには募集要項すら読まずに見当違いのことを指示する先生もおりました。当然ですが、受験産業を含め指導者の質は一定ではありません。

その一方、これでは誰のプレゼン資料なのか分からないほど手を加え、もはや先生が作成したとしか言えないものも存在するのですから、どんな先生が担当になったかによって、ＡＯ入試の結果が左右されることになります。

受験産業や学校だけでなく、家庭環境も合否を分ける要因になりかねません。『東大理Ⅲ　合格の秘訣――天才たちのメッセージ』（データハウス）という、毎年出版されているシリーズものの本があります。読んでみると、東大の推薦入試で発表する資料を医師である父に見てもらった、などというエピソードが掲載されています。優秀な親御さんが、我が子のために必死に添削したであろう資料に対し、普通の受験生が勝負を挑むのは随分と酷な話です。恵まれた家庭に生まれ育ったことそのものが入試のアドバンテージになるという状況を、果たして公正な入試と見なしてよいのでしょうか。この件については、改めて第五章で取り上げます。

さて、第一章で妥当性について記述しましたが、このようなAO入試では、誰の何を計測しているのか分かったものではありません。また、この類のAO入試であれば、先に紹介した有益な参考書は効力を失い、代わりにくだらないテクニックを集めたものが力を持ってしまううえに、反則紛いの行為によって高得点を取ろうとする者が得をすることになります。

一方、東京都立大学（旧首都大学東京）のように緻密なAO入試を実施している大学もあります。理学部生命科学科の二〇二一年度総合型選抜（ゼミナール入試）では、三時間一〇分の講義（前期ゼミナール）を三回、四時間の実験（サマーセッション）を二回、三時間一〇分の演習（後期ゼミナール）を四回実施し、学力・発想力・理解力・論理性・コミュニケーション力等々、まさに全方面の能力を評価します。AO入試をインチキだと揶揄する声もありますが、これだけチェックをしたら文句のつけようがないでしょう。

なお、同大学では入学者の追跡調査も実施しています。大学入試研究ジャーナルNo.30によると、もっとも入学後の成績が良いのがAO入試組で、次いで推薦入試・指定校入試からなる多様な入試組、最後に一般入試組という結果のようです。

ＡＯ入試組が活躍できる理由として、第一志望での入学であること、極めて主体的に行動できること、学ぶ意欲が高いこと等が挙げられています。このように時間をかけて入試を実施し、きちんと追跡調査をしていけば、その大学にとって最適な入試のあり様が分かってきますし、主体性のある受験生が優遇されることで、自ずと主体性の重要性に焦点を当てた教育が促されるはずです。

†知識偏重の指定校推薦

知識偏重の入試となると、決まって一般入試ばかりがやり玉にあがりますが、私は不思議でなりません。指定校推薦の方が、よほど知識偏重の入試だからです。それも、大学入学後には役に立たない悪しき知識の詰め込みです。

先述したように、指定校推薦では学校の評定が最重視されます。模擬試験等を加味する学校もありますが、基本的には学校の定期試験で高得点を取ることが最も重要です。

問題は、この定期試験の内容です。冷静に考えれば分かることですが、この定期試験は一般入試で出題される問題よりも、はるかに小さいマンパワーで作成されるため、出題ミスや悪問・奇問が出題されやすいのです。指定校推薦を狙う生徒たちは、粗悪になりやすい問題に全力投球をするため、不毛な勉強を強いられることもしばしばです。

しかも、定期テストの範囲は一般入試のそれと比べ非常に狭いので、まさに重箱の隅をつつくような問題が出題されがちです。事前に十分な対策をしないと、到底時間内に解き終わらない量が出るケースも散見されます。定期試験にしか役に立たない勉強になってしまい、非生産的な学びになりかねません。

また、高校のなかには特進クラスと普通クラスの成績を同列に扱う学校も存在しますが、これが公平な指定校推薦と言えるのか甚だ疑問です。両クラスに在籍する生徒の学力に大きな差があるのですから、何らかの工夫をしない限り、同じ平均評定だとしても同じ学力だとはまったく言えません。特進クラスには一般入試で進学実績を作ってもらい、その成果が指定校推薦枠の増加となり普通クラスにもたらされることで、高校全体の人気を上げようという思惑が透けて見えます。しかし、大学入試に公平性・公正性が求められている以上、こうした手法は許されるのでしょうか（ただし、そんな高校側の手法を承知しており、特進クラス限定といった条件を付けてくる大学もあります）。

加えて言えば、全入状態の大学ではAO入試が学生獲得の手段に堕している旨を先述しましたが、それは指定校推薦でもまったく同じです。一般入試やＡＯ入試のあり様が批判される一方、同様の欠点を抱えた指定校推薦が問題視されないのは不条理です。

†戦力の不均衡が最大の原因

ここまで、入試の現場で生じている問題について記述してきました。問題の原因は様々ですが、たいていの場合において「戦力の不均衡」が関係しています。一般入試・ＡＯ入試・推薦入試のそれぞれにおいて作問側の体制が不十分である一方、受験産業やそれと同等の機能をもつ進学校が膨大なマンパワーで必死に攻略するのですから、これでは勝負になりません。

そのうえ不十分な作問体制から、悪問・奇問や練られていない問題が出題されるため、それらを攻略する些末なテクニックを集めた質の悪い参考書や指導法が生まれるという悪循環も生じています。本書冒頭で紹介したパズル解きゲームのような方法で、ほとんどの大学が攻略できてしまう現状があるのです。

一方、個別試験における倫理のように、戦力の均衡が比較的取れている教科もあります。倫理を出題する大学が少なくビジネスにならないため攻略されにくいのです。

また、受験者が少ないためか、採点に時間がかかりそうな骨太な問題も見られます。次の筑波大学の問題はその最たる例です。

次の設問Ⅰ〜Ⅳについて、それぞれ四〇〇字以内で答えよ。

Ⅰ 「「対話」は現代社会の問題を解決するために無効である！」という主張に対して、古今東西の思想家を一人取り上げて論ぜよ。

Ⅱ ヘレニズム時代の三大思潮であるストア主義、エピクロス主義、そして懐疑主義の類似点と相違点を説明せよ。

Ⅲ キリスト教における「隣人愛」に対するミルの見解を述べよ。

Ⅳ 日本という環境のうちでつくられてきた「うち」と「そと」の区別について、サイードの「オリエンタリズム」論を参照しながら論ぜよ。

（教学社編『2019年版 大学入試シリーズNo.30 筑波大学（前期日程）』教学社、二〇一八年）

こうした試験に特化した問題集・参考書は見当たりません。これが受験者の多い他の教科であれば、『頻出・倫理記述式三〇〇題』といった類の問題集が人気を博し、たちまちくだらない暗記ゲームと化すところです。

現状、先の入試を受験生が攻略するためには、信頼できる学校の先生がいれば指導を仰ぎ、そうでなければ『蔭山のセンター倫理』（学研プラス）や『理解しやすい倫理』（文英堂）や用語集等を使用して徹底的に基礎知識を固めたうえで、その知識を自分の言葉で語れるレベルにまで高めればよいと思います。かなり難しい試験で対策も大変ですが、その勉強から得られる確かな知は財産になるでしょう。


さて、第一章では教養課程の廃止に伴う作問側の弱体化に触れましたが、そもそも作問は大変に厄介な仕事です。数学者の芳沢光雄氏は著書『出題者心理から見た入試数学――初めて明かされる作問の背景と意図』（講談社ブルーバックス）にて、「ミスなく行われても褒められずに、ミスがあれば怒られるだけの仕事で、とくに入試問題を作成する先生方は、そのぶん時間を損するのでお気の毒」といったイメージが定着しているとしたうえで、神経をすり減らす作問事情を具体的に紹介しています。

忙しいなか嫌々作問をしている教授たちがたくさんいるため、人・金・時間のみならず、モチベーションの面でも攻略側に大きく水をあけられているわけです。こんな状況では、大学が受験産業に作問を依頼してしまうのもうなずけます。実際、大学の先生方と話をしてみても、大学では作問をしたがらない先生が大多数だとか、作問能力がないため奇天烈な問題を作る同僚がいるとか、どう作成してよいか分からないのでセンター試験を参考にしているといった話がこぼれてきます。

作問以外の入試業務にも問題があります。選抜方法をブラッシュアップするためには、入学後の学生を追跡調査すべきですが、残念ながら十分になされていないのです。教育学者の林篤裕氏、伊藤圭氏、田栗正章氏による研究『大学で実施されている入試研究の実態調査』によれば、現在何らかの入試研究をしている大学が約三九％、追跡調査をしている大学が約一九％、入試問題の適切さの分析をしている大学が約〇・〇二％という結果が出ています。全大学に調査を依頼し、回収率は約四九％でした。

ただし、同調査は各大学の入試担当部署を通じて実施しましたが、入試研究は色々な部署で実施されていると想像されるため、入試研究を完全に網羅するものではないという留意事項も記載されています。

入試業務は秘匿性が高く、その実態を正確に把握するのは大変に難しい。しかし、作問の改善に必要な業務が不十分であることを伺い知るには十分な結果だと思います。

†求められる高い能力

ここでは、ここまで指摘した問題に対する解決策を考えていきます。

まず、作問や追跡調査をはじめとした入試業務です。明らかに人が足りていませんので、人員を補充する必要があります。

しかし、人材に求められるハードルは大変に高いものがあります。大学にとっての良問を作成するためには、大学での教育・研究に精通している必要があります。可能であれば、受験産業に明るい方がよいでしょう。追跡調査とそれに付随する業務はもはや研究と言えますので、研究者であることも必須となります。となると、これは大学教員以外ありえないように思えます。そうでなくても、これほど高度な能力を持った人間は、そうそう簡単には集められそうもありません。

ところが、日本には大勢いるのです。

それも、貧困にあえいでおり、喉から手が出るほど職を欲している人材が、です。

彼らは「高学歴ワーキングプア」と呼ばれており、博士号やそれに類する学歴を有しています。糊口《ここう》をしのぐため受験産業でアルバイトをしている人たちも多いので、その意味では大学教員より適任とさえ言えます。

ただ、昨今の大学の財政事情を鑑《かんが》みると、彼らを積極的に雇用するのは難しいでしょう。厳しい財政事情のため非常勤講師の割合が増えたり、研究に金をかけられず四苦八苦したりする大学の姿が明らかになってきましたが、政治はなかなか動きません。しかも、国が大学に要求する水準は大変に高く、仕事は増える一方です。

社会学者の西田亮介氏による次の主張は、そんな厳しい大学の今を象徴しています。

> 「国際的な研究教育競争には勝て（世界ランキングトップ大学創出と上位大学の増加）」「恒常的な予算は減額し、競争的資金へ、しかし学費の値上げも望ましくない」「教育機会の均等に配慮し、さらに大学進学率を向上させるべき」という困難な状況に置かれている。
>
> トリレンマとまではいえないが、「あちらを立てればこちらが立たず」といえる。
>
> （中略）国立大学だけを見ても八六の大学があることを思い起こしてみても大規模な量的拡大は、強い政治的意思がない限り期待薄といえる。

（西田亮介著『不寛容の本質』経済界新書、二〇一七年）

既存の政策の延長線上で考えてしまうと、袋小路に入ってしまうわけです。また、大学に予算や裁量権を付与すべきとする合理的で説得的な論が各方面から数多く出されていますが、裏返せば出尽くしたということです。これ以上、論理的にその必要性を主張しても、なかなか事態は動かないでしょう。

†経産省の情報戦?!

もし細い可能性の道があるとすれば、「強い政治的意思」の喚起にあると考えます。西田氏が同著にて「ある著名な政治家が「この問題で我々のところに本気で陳情に来る人がいない」といっていたことを思い出した」と記していますが、この政治家による何気ない一言が、意外と本質を突いていると思います。心血を注ぎたい、政治生命をかけたいと思わせる何かが、大学を巡る問題から見えてこないのでしょう。「本気で陳情に来る人がいない」を換言すれば、「私たちを本気にさせるような陳情がない」ということであり、政治家へのアピールに失敗しているわけです。

元々、文科省は政治家へのアプローチが苦手な官公庁です。それどころか、政治的中立性をモットーとし、特定の政治家からの強い影響を受けないよう注意を払ってきました。政治主導が強くなるにつれ、そんなモットーを堅持するのが難しくなったものの、政治的な振る舞いが苦手であることは変わりありません。

他方、『教育をめぐる虚構と真実』(春秋社)によれば、国民には『分数ができない大学生』を示し、政治家や財界人には学術的な体裁のレポートを見せることで文科省の失策をアピールするといったネガティブキャンペーンを、経済産業省が展開していたようです。科学技術振興(産業政策)の主導権を経産省が握るため画策された情報戦でしたが、そんな戦いに文科省は負けてしまったわけです。

これらの事例を総合すると、文科省は内外への広報能力が欠けているのだと言えます。もっとも、今よりも政治的中立性が重要課題であった時代のことを考えれば、政治家へのアプローチをはじめとした広報能力が欠如してしまうのも仕方がないとは思います。これは第四章で後述することですが、文科省の仕事ぶりを丹念に追っていくと、彼らの生真面目さが鮮明になります。それはそれで美点ではありますが、そのために狡猾《こうかつ》な他省庁と比べ割を食っている感があります。経産省のネガティブキャンペーンの成功も、そんな生真面目さが災いしたのかもしれません。

†高学歴ワーキングプアと政治家

高学歴ワーキングプアの問題は、右派・左派と目される政治家たちが強い関心を持ちうるテーマです。また、彼らを活用することで、単なる教育政策（入試改革）が、社会政策（弱者救済）や産業技術政策（科学技術立国につながる雇用環境の整備）の色も帯びてきます。「あちらを立てればこちらが立たず」の打つ手なしの状況を打破する起爆剤として、彼らの積極活用は検討の価値があると思います。

国家主義的な右派から見れば、高学歴ワーキングプアの問題は日本の礎《いしずえ》を壊しかねない由々しき事態のはず。資源の乏しい日本が発展できた理由を人材に求める論は、右派論壇にて頻繁に目にするものです。

そんな日本は、母国語で高度な学問を学べる稀《け》有《う》な国の一つです。先人たちによる懸命な翻訳作業のおかげであり、海外への人材流出を食い止めてきた要因でもあります。彼らの働きなくして、今日の日本はなかったでしょう。

しかし、今を生きる日本人は、そんな先人の努力を踏みにじっています。研究者たちの雇用環境が劣悪なまま放置することで、積極的に人材流出を後押ししているのです。こんな環境で学者を目指すくらいならば、もっと博士に優しい欧米諸国を目指すのは当然でしょう。未来を見越した翻訳作業は、いったい何だったのだろうと思います。資源のない日本は人材で勝負するしかないのに、これでは亡国の道を進んでいるとしか言いようがありません。

こうした状況があるにもかかわらず、日本は教育に金をかけません。OECDが公表した二〇二〇年度版「図表でみる教育」によれば、二〇一七年の初等教育から高等教育の公的支出がGDPに占める割合は二・九%ですが、これは比較可能な三八か国中三七位です。OECD諸国の平均が四・一%なので一・二%の差があり、金額に直すと約六・六兆円にも上るのです（GDPを五五〇兆円と仮定）。在学者一人当たりの公財政教育支出でGDP比を算出しても、その水準は決して高いとは言えません。

日本は人材に金をかけるしかありません。これまでも数々の逆境を優秀な人材で乗り切ってきたように、人の力で国益を増進するしかないのです。優秀な学者を育てるためにも、高学歴ワーキングプアの雇用環境の整備は急務と言えます。

一方、格差是正や弱者救済を重んじる左派は、彼らに手を差し伸ばすはずです。彼らは、大学院重点化という名の天下の愚策による被害者だからです。大学院重点化とは、一九九〇年代から始まった方針で、これにより博士号取得者が大幅に増えました。

しかし、増えた博士の就職先については、何ら見通しがありませんでした。需要を増やさず供給だけを増やしたのです。必然的に、増えた分だけ路頭に迷う博士が新たに生じたことになります。これを国家による人災と呼ばずして、何と呼べばよいのでしょうか。

彼らは、経歴だけを見れば大変なエリートのように思えます。だから、救済の対象として見なされにくいのでしょう。

ところが、彼らの多くは労働市場では単なる職歴なしの存在にすぎません。それも決して若くないうえに、扱いに困る博士です。経歴を偽り非大卒として職を求める博士の姿が報告されているように、彼らの学歴はプラスどころかマイナスにさえ働いてしまいます。『高学歴ワーキングプア――「フリーター生産工場」としての大学院』（光文社新書）の著者である水月昭道氏に至っては、非正規で働く博士に対する色眼鏡に嫌気がさし、パチンコで日銭を稼いでいたようです。

懸命の努力が報われないばかりか、負の経歴となって貧困を招く。彼らを救わずして、いったい誰を救済するのだろうと思います。

さて、簡単に政治家と高学歴ワーキングプアの問題を関連付けてみました。大学と予算に関する話は、政治家にとってそれほど馴染のあるテーマではなく、琴線《きんせん》に触れるような話を展開するのがなかなか難しいでしょうが、この問題とセットにすればもう少し身近な話になりますし、政治信条を刺激するものにもなります。政治家を動かすアプローチとして、そして何よりも入試をよりよくする方法として、議論をする価値があると思います。

†参考書の調査

大学入試は平易な難問になってしまい、それに特化した攻略法を受験産業が編み出すことで、しばしばパズル解きゲームの様相を呈してしまう。受験産業からの攻略は免れないでしょう。

それでは、どうすればよいか。

結論を先取りすると、必ず攻略されてしまうのですから「攻略されてよい入試」を目指すしかありません。受験産業による最も合理的な攻略法が、大学側にとって望ましい、または許容できる勉強になるよう作問側が調整するのです。本書冒頭で記した、微分積分で物理を理解すれば高得点につながるような入試は、その一例だと言えます。

第一章で述べたように、作問にあたって検討・検証すべきことが数多く存在し、しかも大学によってそれらの内容は異なります。だから、ここでは一般的に必要と思しきことを記していきます。

まず真っ先にすべきは、くだらないテクニックやパズル解きゲームの攻略法を伝授する参考書の調査です。テキストの具体名は挙げにくいですが、探せばいくらでもあります。こうしたもので勉強した生徒が点数を取りにくくなるよう作問するわけです。一見すると素晴らしい問題が、些末なテクニックによって単なるパズルとならないよう注意しなくてはなりません。AO入試や推薦入試についても同じことが言えます。

一方、研究者の目から見ても素晴らしい、または及第点をあげられる参考書の調査も重要です。『総合的研究　数学』（旺文社）や『権田地理B講義の実況中継』（語学春秋社）のように、パターン暗記による解法を極力避け、少しでも本来の学問に近づけようと努力する参考書が一定数存在するため、きっと望ましいものが見つかるはずです。これらの良書で攻略しやすいように作問することは、大学側からしても合理的な行為でしょう。

要するに、作問側は自らの利益のために良書を優遇し悪書での攻略を阻止する。それに応じて攻略側は、自らの利益のために良書の作成や指導法を競い合うという好循環が理想です。大雑把な見通しにはなりますが、作問側と攻略側の戦力がある程度バランスすれば、この好循環に近づけると思われます。当分の間、理想の達成は到底無理でしょうが、現在の悪循環を緩和なり是正するのであれば現実的ですし、そうする必要性があるはずです。

†競争の逆を行く、大学への国家介入

こうした考え方は、一定のルール・プレイヤーの心構え・環境を前提とした自由さえあれば、必然的に最適解に近づくとする神の見えざる手を想起させます。しかし、市場経済がそうはいかなかったのと同様に、受験においても失敗が生じるでしょう。

具体的には、全入状態の大学が該当します。良い学生の選抜に注力するよりも、誰でもいいから学生を入学させる方がメリットが大きいため、良問の作成を放棄し、実質的に無試験にする方が合理的です。実際に、そのような戦略を取っていると思しき大学が存在し、今回の改革で国からの介入がありました。何らかの学力評価が義務付けられたわけです。どこまで国が入試に介入すべきかは、大きな政府論と小さな政府論が決着を見ないのと同様、論が分かれるでしょう。

しかし、現在の国・文科省のやり方は介入ではなく拘束です。文科省で決定したことを

現場に下し、現場にいる一人ひとりのプレイヤーを規制対象と見なし拘束しようとする。各大学の自発性や競争原理に期待するのではなく、事細かに指示をして報告を求める。文科省の手法は、まるで旧共産圏で行われた計画経済のようです。上からの無理な指示に対し、現場が面従腹背的に従ったふりをしたり、いい加減に報告したりするという対処法も似ています。

社会学者の佐藤郁哉氏による著書『大学改革の迷走』（ちくま新書）では、文科省から膨大な書類作成を命じられるため疲弊する教員の姿と、無駄な業務だと分かりつつ面従腹背的に仕事をこなす大学側の本音が記されています。大学を信頼し自由に仕事をさせるのではなく、一から十まで大学の仕事をチェックするという文科省の基本的なスタンスが見受けられます。第三章では文科省が地方自治体を規制対象と見なしている旨を記しますが、どうやら大学もそうなのでしょう。

大学以外の学校関係者からも、同様の指摘が多くなされています。激しい学生運動の嵐の中、半ば無法地帯と化していた時代の大学ならば分かります。日教組が強い力を持っていた時代であれば理解もできます。

しかし、今はそんな時代ではありません。学生運動は歴史の一ページと化しましたし、日教組の組織率は年々低下しており衰退の一途をたどっています。二〇二〇年一〇月一日時点の組織率は二一・三％で、過去最低を記録しました。学校の手足を厳しく縛る合理性は見当たりません。

現下、大学は殿様商売どころか、国内外の大学間で激しい競争が生じています。予算と裁量権さえ持たせれば、自ずと競争原理が働き事態が好転する可能性は高いはずです。そんななか、競争ができなくなるほど大学を疲弊させるのは悪手ではないでしょうか。

さて、話を本題に戻すと、作問だけでなく試験実施後の追跡調査も重要になります。どんなテキストを使用したのか、どのように勉強をしてきたのか等々を調べ、得点状況と照らし合わせることで作問の妥当性を検証していくわけです。もちろん、入学後の成績も重要な調査項目です。

どんなに作問側が努力をしても、一定のパターンは必ず生まれます。必然的に一定の攻略法も開発されます。また、受験する生徒の学力が低い場合、基本的な知識を問うものがメインになるのは仕方がありません。

しかし、入試問題を完全にパズルのように定石・知識で攻略するのか、それとも大学にとって望ましい学びを伴った攻略とするのかでは、同じ攻略でも随分と意味が違ってきます。作問を攻略側に外注する大学が象徴するように、現状は攻略側があまりに優勢であり、パターン暗記やパズル解きの要領のみで合格できる大学が多すぎるのです。

†欧米式の方法はハイリスク

他方、個別試験ではなく、共通試験に膨大なマンパワーを投入して、多面的な能力が評価できるよう整備するという方向性もあり得ます。イギリスのAレベルやフランスのバカロレアという共通試験では記述試験が課されており、知識以外の思考力等が計測されているとする主張も見られます。試験の運営に際しても、アルバイトに採点をさせる予定だった日本の入試改革案とは雲泥の差があり、共通試験でも多面的な能力が計測できるのではと思わせる仕組みになっています。

しかし、私は賛同できません。リスクが大きすぎるからです。

受験産業が発達していないフランスでさえ、バカロレアで高得点を取るための定石や参考書が存在します。バカロレアのような試験にすれば問題は解決するといった論を見かけますが、そんなことは決してないのです。

もし、フランスをはじめとした欧米諸国とは比較にならないほど受験産業が発達した日本で同試験を実施したとしたら、いったいどうなるでしょうか。これまで見てきた通り、個別試験よりも共通試験の方が、作問にあたっての制約が遥かに多いのです。多くの時間をかけ作問された練りに練られた東大入試でさえ、受験産業による攻略により対応を強いられている現状を見るに、いくらマンパワーをかけても、改革で議論されたような共通試験の実現は相当厳しいでしょう。改革にかけたコストに対しベネフィットがまったく見合わず失敗するリスクは高いと思います。改革が続発する教育行政では、改革が善であるという風潮さえ感じますが、意図せざる結果が頻発するのが教育問題であるため、改革は慎重になされるべきです。

以上の理由より、ドラスティックな改革ではなく、既存の入試を踏襲しつつ漸進的な改善を目指す方が良いと考えます。既存の入試のくだらないところは積極的に改善し、素晴らしい点がより良くなるように環境を整備するということです。その整備の一案が、本章で記した高学歴ワーキングプアと呼ばれる方々の活用でした。

受験シーズンになると、私は真っ先に東大数学を解きます。ある種の感動さえ覚える素晴らしい問題に巡り合える確率が高いためです。もちろん、定石を駆使さえすれば容易に解けてしまう問題や、あまりに難しいため、合格のためには即刻捨てた方がよいようなものも紛れていますが、ある程度は仕方がありません。

各大学の現代文にも、本当に考えさせられる出題が多くありますし、読書好きの方であれば、入試問題は良質なブックガイドにさえなると思います。私自身、現代文の入試問題を読み、これはと思い購入した書籍が数多くあります。過去問は大手予備校のサイトに掲載されていますので、是非ご覧ください。

このように、既存の入試問題には面白いものもあります。だから、入試改革の議論に参加する方々には是非、共通試験や個別試験をきちんと解答してから議論に臨んでほしいと思います。素晴らしい問題に手こずってうなる一方、定石だけで解ける問題をスムーズに解答してくだらないなと思っていただくことが、入試を知るうえで大切だと思うわけです。

改革の実現を目指した各会合においては、ご年配の委員が多かったこともあり、今の入試を把握しているとは到底思えない方が散見されました。どんな問題が出題されているのかを知らないのに改革の議論に参加するというのは、果たしていかがなものでしょうか。

†受験生の動機が軽視される入試改革

受験の現場から入試改革を眺めて思うことは、どうしてこうも受験生の動機が軽視されるのだろうということです。どんな手を使ってでも合格したいと考える受験生と、それをアシストする受験産業や、新興進学校をはじめとする受験産業と同等の機能を果たす高校の存在を、あまりに軽視しているように思えるのです。

動機に注目すべき理由は、自然科学と社会科学を比較すれば明らかになります。

社会科学のばあいには、対象が自然ではなく、意識をもち行動する、そうした生きた人間諸個人なのですから、その因果関連を確実に追いかけていくには、自然科学にはみられない独自な方法、つまり動機の意味理解という手続きをふまねばならない。

（大塚久雄著『社会科学の方法――ヴェーバーとマルクス』岩波新書、一九六六年）

そもそも、科学とは何でしょうか。深く立ち入ると科学哲学の話になり難しくなりますが、とりあえずモデル（理論）と実証をキーワードにして整理すればよいと思います。現実はあまりに複雑すぎて、ありのままを分析していては大変なことになります。そこで、現実の大事な部分だけに注目し、他の部分は無視します。そうしてできあがったものがモデルであり、物理学では数式で表現された理論となります。

しかし、このモデルが現実をきちんと反映しているかどうかは分かりません。現実の何を重要と見なすかにより、いくらでもモデルなり数式を作ることができるからです。

こうした各々のモデルは、実験や経験的事実によって実証がなされます。どの程度、正確に現実を捉えているかが検証されるわけです。

自然科学の場合、あの手この手で実験を繰り返していけば、かなりの精度で実証ができます。中学校の理科の実験で、植物はどこから水蒸気を放出しているのかを確かめるために、葉の表側・裏側にワセリンをぬる等の工夫をし、裏側から最も放出されていることを突き止めたように、自然が相手であれば実験は比較的容易です。

ただし、現実を簡易的に模したモデルが、現実そのものを忠実に表現することは通常考えられませんし、新たな実験によってモデルの重大な欠陥が発見されるかもしれませんので、モデルは仮説にすぎません。これでもかと論理的に思える物理学でさえ仮説なのです。

一方、「自然」であればワセリンをぬるといった思い切った工夫ができるものの、「社会」に大きな影響を与える人間・政府・企業等に対し、そんな大胆な行為はそうそうできません。そのうえ、モデルそのものを数式で表現するのが難しい。自然科学と比べ、社会科学はモデル（理論）も実証も不十分に思えます。

こうなると、理系出身の多くの方は、こう考えるに違いありません。自然科学と比べ、社会科学は甚だ劣っている。いや、そもそも科学と言ってよいのだろうか。小難しい言葉で粉飾されているだけではないのか。

ところが、大塚久雄氏によれば、ドイツの社会学者マックス・ヴェーバーは社会科学の自然科学にはない利点を強調しているというのです。

人間の自由な意思（から生まれる動機）は不確定要素であるため、自然科学より社会科学は不正確にならざるを得ない、とは考えずに、自由であればあるほど制約がなくなるので、人間はますます合理的に動くはずだと捉えるのです。動機を持ちえない自然よりも、特定の動機を持つために特定の行動を自らとる人間の方が、時には正確に把握できると解釈すればよいと思います。自然科学とは異なるアプローチによって社会科学も立派な科学になり得るのだということです。

入試改革を検討するという仕事は、明らかに自然科学ではなく社会科学の範疇に入ります。だから、受験生の動機を重視した方がよさそうですし、これほど人間の動機が明瞭なケースはそうそうないでしょう。全員が全員に該当するものではありませんが、「一点でも多くの点数を取りたい」という意思は、多くの受験生に当てはまる動機です。しかも、受験産業が過度に発達した日本ですから、なおのこと注目すべきです。

ところが、議事録等の資料を読み込んでみると、どうも軽視されているように思えてなりません。共通試験で記述試験を導入すれば良き学習になる程度の話で終わってしまい、多くの抽象的な論が展開されるわけです。だから、入試改革は奇妙なのです。

第三章 奇妙な入試改革

†非合理的というよりも

ここから、いわば第二部の始まりです。

第一部では、入試を攻略する立場から問題点を具体的に記していきました。第二部では、そんな山積みの問題が放置されてしまう理由を巨視的に探ることが目的です。

さて、第一部を読めば「文科省は現場が分かっていない」とか「掲げる理想は空理空論だ」といった印象を持つと思います。実際に、そうした指摘は様々な識者からなされています。

しかし、私はどうにも違和感があります。そんな指摘は、もはや耳にタコができるほど文科省は聞いているはずなのです。これらの指摘は今に始まった話ではなく、過去に行われた入試改革でも散々言われてきたことです。

また、改革の議論が行われた高大接続特別部会や高大接続システム改革会議には、現場をよく知る識者や聡明な学者の方も参加しています。とんでもない事実誤認をしている唖然とするような人たちもおりますが、そうした方ばかりではないのです。議事録等をきちんと読めば、現場からの声を丹念に拾い上げようとする姿勢も見てとれます。全国から広く寄せられるパブリックコメントも存在します。

文科省や審議会は、批判・指摘を受け、現場の声を拾い上げる等の改善をしようとしている。しかし、現場から見ると、それがなされているように見えない。だから、非合理的というよりは奇妙なのです。

†教育の宿痾

奇妙な図式は、現在にはじまったことではなく、過去から続いているものです。だから、そうなってしまう構造的な仕組みがあるはずなのです。

昔から続いているのであれば、これは昔からの病気、つまり宿痾と言えます。宿痾を探すのであれば、教育の本質に切り込んだ昔の書籍がふさわしいはず。そんな骨太の教育学に関する本を読み漁るうちに、次の記述を見つけました。

もともと「どう教育するか」の理論は、教育術に関する百科全書的知識という形で成立することもできる。しかし、もしその域をこえて原理に貫かれた体系であろうとすれば、必ず人間像や世界像の価値的視点からの選択を避けることができない。つまりまずあるべき人間像・世界像を自明の原理として確立することから出発し、その像を分析して得られた諸要素（性格、体制等）に照らして、教育の手段や方法を組織的に展開する仕事に終始することになる。したがって、「どう教育するか」の理論というのは、それが決定的な指令の体系を意図するかぎり、本来、普遍的な「知識」、あるいは「科学」としてではなく、私たちが科学から区別した「思想」として構想されなければならないはずであった。

しかし、教育学の科学化を志す人々の間では、この点の認識は伝統的にきわめてあいまいであった。彼らはほとんど、あるべき人間像や世界像もまた、事物と同様に客観的知識として把握されうるものであり、ゆるぎない自明の原理として掲げうるものであると錯覚していたのである。

だが、そのあるべき人間像や世界像は、現実の人間や世界についての観察事実や、そこから帰納して得られる客観的知識としての人間像や世界像とは、本来無関係のものである。事実に関する知識のレベルと価値に関する知識のレベルとの間には、はっきりとした断絶がある。もともと価値に属するものを客観的知識の対象として把握しようとするところから、経験を超えたところでの形而上学的思弁がはじまる。ここに教育学のとめどない思弁化への誘惑がひそんでいるのである。
こうして、わが国の教育学の科学化への歩みは著しく停滞した。
（海後宗臣、吉田昇、村井実編著『教育学全集1　教育学の理論』小学館、一九六七年）

「原理に貫かれた体系」とあります。まず、あるべき人間像・世界像をつくります。たとえば、今回の入試改革でも掲げられた学力の三要素「知識・技能」「思考力・判断力・表現力」「主体性・多様性・協働性」を持った人間です。こうした人間を育成すべく、教育の手段や方法を整理することで「原理に貫かれた体系」が出来上がります。

最も重要な点が、このような体系を構想する以上、科学や知識ではなく、必ず思想になってしまうということです。

黒柳徹子さんが通ったトモエ学園を舞台とする『窓ぎわのトットちゃん』（講談社）が分かりやすい例です。同書を読むと、個性や強みが発揮できる子供たちを理想とする人間像が読み取れます。実際、そんな人間を育成すべく、子供たちの自由を最大限尊重した教育がなされました。

こうした教育のあり方は、普遍的に正しい知識や科学ではなく、特定の考えを持った人たちのみが共鳴する思想です。自由や個性よりも、規律を重んじる人間を理想とするならば、当然それにあわせた別の教育手法が選択されます。

つまり、本来思想である「原理に貫かれた体系」は、特定の人たちにとっての合理的な教育にならざるを得ません。

ここで、大変に厄介な問題が生じます。文科省は「原理に貫かれた体系」を求めるため、必然的にそれは思想となります。思想とは考えのまとまりのことであり、原理とは思想における前提や最も重要なことです。原理を出発点として考えを進めまとめていけば、それが思想になります。

しかし、国民を対象とする教育を考える以上、多くの国民が共鳴するような内容にしなくてはなりません。それも、多様な価値観が認められる現代においてです。矛盾が生じるのは必定と言えます。

この難題を乗り越えるため、価値に属する思想を客観的な知識として把握しようとする無謀な試みが教育学においてなされました。単なる思想ではなく、誰しもが納得する客観的な人間像なり教育理念を求めたのです。そしてそれは、「教育学のとめどない思弁化への誘惑」の帰結でもありました。

†人格の完成

教育基本法では、教育の目的として「人格の完成」が掲げられています。数ある教育法のなかでも大変に重要な文言です。

「人格の完成」の意味するところを捉えようと、数多《あまた》の教育哲学者が本や論文をしたためています。それらの仕事を概観すれば、いかに先述の試みが無謀なのかが分かると思います。

まず、どこを探せども定説らしきものが見当たりません。「人格」を解説するにあたり、各人各様に古今東西の知識人を引っ張ってきて説明をはじめるので、人格の意味が定まらないのです。

また、どうしても納得しえない主張が多々ありました。これは論理的におかしいのではないか、支離滅裂な空論ではないかと思うことさえあったわけです。

しかし、私は教育哲学の素人です。私が間違っているに違いありません。そんなことを思いながらまた新しい論文を読んでいると、興味を惹かれる一文がありました。人格の完成を数学的に表現した学者がいるというのです。私は喜び勇んで本を購入し、早速読んでみることにしました。

結果的に言えば、この本のおかげで私は「人格の完成」には定説が存在しないどころか、それらの主張には支離滅裂な論が紛れ込んでいると理解したのでした。教育哲学に寄せられる厳しい批判に納得した瞬間でもありました。

なぜ、素人の私が支離滅裂だと確信できたか。

それは、数学で表現されていたからです。この数学が、不備があるなどというレベルではなく、まったくもっておかしかったのです。文章そのものも論理的に納得し得ないものでしたが、その文章が数式に置き換えられていたおかげで、数式も文章も重大な欠陥があると確信できたのでした。

結局、客観的に正しい思想（人間像）を定めようとしても無理があるのです。試みたところで幾通りもの思想ができますし、数学を使い破綻したように、無理が生じて支離滅裂なものになるリスクもはらんでいます。

†共有のコペルニクス的転回

今回の改革では脱知識偏重が標榜されましたので、知識以外の能力、つまり多面的な能力の評価も必然的に目指されました。だからこそなおさら、理想的な人間像の決定は必須でした。決まらなければ、どんな多面的な能力を計測すればよいかも定まらないためです。が、前項のとおり、客観的な人間像を作るのは極めて難しい。これでは、各人がそれぞれに人間像をイメージしてしまい仕事になりません。

ところが、ここで「共有のコペルニクス的転回」とでも言える現象が生じます。普通、理想的な人間像のような目的を共有するためには、その目的は明確に一つの意味に解釈できた方がよいはずです。だから、時には数字という客観的なものを使い、なるべく意味の幅を狭めようと努力をします。

一方、まったく逆の方法がありえるのです。それは、あえて多様な意味に解釈できる目的を作るという作戦です。供に仕事をするメンバーが考える人間像なり教育理念がすべて含まれるように、抽象的な表現を重ねて玉虫色の言葉を練り上げるのです。議論に参加する各々が抱く人間像をすべて取り入れると言ってもよいです。必然的に人間像が肥大化するため、不自然に長かったり抽象的な表現が多用されたりします。

また、人間像だけでなく教育手法にも思想は影響を与えます。第一章でも記したように、一言で思考力とは言っても、それが何を指すのかは各人の思想によって異なるからです。

そんな思考力を育むための教育手法もまた、思想によって姿を変えるのは必然です。たとえば、次のような文言です。

先を見通すことの難しい時代において、生涯を通じて不断に学び、考え、予想外の事態を乗り越えながら、自らの人生を切り拓き、より良い社会づくりに貢献していくことのできる人間を育てることが高等学校教育及び大学教育の使命であり、これからの大学入学者選抜は、若者の学びを支援する観点に立って、それぞれが夢や目標を持ち、その実現に必要な能力を身に付けることができるよう、高等学校教育と大学教育とを円滑に結び付けていく観点から実施される必要がある。

（文科省『新しい時代にふさわしい高大接続の実現に向けた高等学校教育、大学教育、大学入学者選抜の一体的改革について――すべての若者が夢や目標を芽吹かせ、未来に花開かせるために（答申）』）
https://www.mext.go.jp/b_menu/shingi/chukyo/chukyo0/toushin/__icsFiles/afieldfile/2015/01/14/1354191.pdf)

人間像を起点として教育の議論をする限り、ありとあらゆる場面で、思想の違いによって三者三様の「べき論」が生まれます。そしてそれらを一つに限定するのが甚だ困難であるため、可能な限りすべて取り入れようとするのでしょう。

こうして、議論の参加者が納得できる「原理に貫かれた体系」が出来上がります。しかし、議論に参加していない多くの人々からすれば、長々とした論旨不明瞭な文章に過ぎません。あれもこれも重要と言われてしまっては、何が本当に大切なのか分からないからです。無数の大切なことが列挙されれば、それは重要性における優先順位がないということであり、すべて重要ではないと言っているに等しいわけです。

結局、議論の中にいた人と外にいる人とでは、認識において大きなギャップが生じてしまいます。議論の外から眺めれば、文科省が作った「原理に貫かれた体系」もまた、特定の人々のみが共鳴する思想に過ぎないのです。

ここで強調しておきたいことは、脱知識偏重と多面的な評価は、入試改革にはつきものだということです。今回の改革に限った話ではなく、過去にも目指されてきたのです。そして今後、知識偏重の教育が是とされることはないでしょうから、未来の入試改革においては特に脱知識偏重と多面的な評価はスムーズに共有されるでしょう。多面的な評価は全人格的な評価とほぼ同じ意味ですので、すぐさま理想の人間像について、あれこれと議論が始まるに違いありません。

つまり、多面的な評価の妥当性・必要性が容易に共有されるがために、甚だ共有が難しい理想の人間像に関する議論が惹起されることで、共有のコペルニクス的転回が頻発し議論が空転する未来が見えてくるわけです。容易な共有が、困難な共有を引き起こすという見立てです。

†文科省審議会のフィルターバブル

文科省は審議会行政だと評されることがあります。審議会に各界から有識者を招き、様々な知恵を取り入れ政策に反映していくというものです。実際、驚くほど多種多様な審議会が開催されており、今回の入試改革に関する議事録を読むだけでも相当な苦労を強いられます。

一方、審議会は隠れ蓑と言われることもあります。官僚にとって都合のよい識者ばかりを集め、省庁の本音を彼らに代弁させるという構図です。が、文部官僚OBや研究者による主張を総合すると、隠れ蓑としての役割は否定できないものの、審議会はきちんと政策に影響を与えているとする論で概ね一致しています。少なくとも、各省庁よりは審議会が機能していると考えてよさそうです。

ただし、近年では政治主導の影響が強くなってきています。総理大臣が開催する教育再生実行会議のような機関が、審議会に優越して政策の方針をほぼ決めてしまうこともあります。政界・経済界の要請が教育政策に影響を与えるという現象は世界的に見られるものですが、その傾向は今後の日本において強まるものと推察されます。

それでは、文科省と地方自治体の関係はどうでしょうか。

行政学者の北村亘氏は、格差是正に関する文科省幹部職員の考えを分析することで、文科省の体質について考察しています。地方政府を介さず租税・財の移転のコントロールで格差是正を図る「集権主義アプローチ」、地方政府への財源保障を重視する「分権主義アプローチ」、前者二つを採用する「介入主義アプローチ」、市場メカニズムに委ねる「放任主義アプローチ」の何れを選好するかを調査し、その結果に基づき考察するわけです。

このような結果は、理論的に一貫した解釈を行うことが非常に難しいと言える。（中略）しかし、概していえば、文科省の幹部職員たちは、格差是正という政策目標を達成する手段として地方自治体を活用することにはそれほど熱心ではなく、政策実現のパートナーとしてではなく、あくまで規制対象としてしか考えていないのではないかと思われる。これが文科省だけの組織的特徴なのか、あるいは事業官庁全体を通じての特徴なのか、さらなる官僚サーベイによって解明していくことが必要となる。

（青木栄一編著『文部科学省の解剖』東信堂、二〇一九年）

審議会を通じ広く衆知を集める一方、地方自治体をパートナーではなく規制対象と見なす。議論をする場所を、審議会に集約していると考えられます。

こうした構造だと、一種のフィルターバブルが生じやすい。

フィルターバブルとはインターネットの世界で見られる現象です。自分にとって都合のよい情報ばかりが集まるネット社会に沈潜《ちんせん》することで偏狭《へんきょう》な思想が形成され、社会から孤立してしまう現象を指します。

審議会の場合、たしかに様々な情報が集まります。しかし、その情報は「理想的な人間像」との距離感によって、優劣が順番づけられてしまいます。脱知識偏重を促進すべく多面的評価をすべきだとか、思考力・判断力・表現力を育成すべきだといった考えが極めて重要な事実のように扱われるため、マーク試験のような存在は過大に問題視される一方、第一章で紹介してきたような問題は、人間像との距離が遠いため問題視されにくいのです。必然的に、客観的であるはずのデータが恣意的に解釈されたり、ピックアップされる情報に大きな偏りが生じたりします。


国立大学の二次試験においても、国語、小論文、総合問題のいずれも課さない募集人員は、全体の約6割にのぼる。

共通テストに記述式問題を導入し、より多くの受験者に課すことにより、入学者選抜において、考えを形成し表現する能力などをより的確に評価することができる。このことで、高等学校における能動的な学習を促進する。

（文科省『高大接続改革の進捗状況について』）

https://www.mext.go.jp/b_menu/shingi/chukyo/chukyo3/004/siryo/__icsFiles/afieldfile/2016/11/24/1379790_3.pdf)

国語、小論文、総合問題以外においても記述試験は出題されます。現在の大学入試事情を少しでも知っている人が読めば、相当に違和感を覚える書きぶりです。記述試験の実施は不十分だという印象を与えるため、あえて恣意的な表現をしているようにも思えますが、審議会のメンバーから異論が噴出しないのが信じられませんし、それがフィルターバブルの発生を傍証していると思います。

先の引用文が事実を反映していないことは、学者による研究からも明らかです。たとえば、教育学者の宮本友弘氏と倉元直樹氏による調査結果が『大学入試センター試験から大学入学共通テストへ』（金子書房）の第7章に掲載されています。

同調査では二〇一五年度一般入試（前期日程・後期日程）を対象とし、国立大学で記述試験がどの程度実施されているかを分析しています。要点を引用すると、「記述式問題を全く出題していない大学はわずか1大学に過ぎなかった。また、すべての科目において、出題数のうち記述式問題の割合が客観式問題の割合よりも多く、「英語」と「英語（リスニング）」以外は、概ね8割以上が記述式問題であった」となり、むしろ記述式はメインであることが分かります。

さて、ネット社会で形成される特異な言説ですが、これは外の世界から見ると論旨不明で理解困難なものばかりです。ネット上の小さな社会のなかでは、たとえ偏狭な主張だとしても幾度となく反復されることで常識と化してしまうわけです。

私たちが抱いている数々の常識も、論理的に正しいから納得しているのではなく、周囲の人々がそれを正しいと見なし行動に移しているから定着したわけです。論理がなくても、最初は意味がよく分からなくても、何度も繰り返し目の当たりにすればそれは常識になります。

こうして、文科省や審議会のなかで通用する常識が蓄積されますが、それが外でも通じるとはまったく限りません。そしてその時、現場から見れば奇妙な入試改革が誕生します。

†失敗とは言えないパターン

失敗する理由を概説する前に、失敗とは言えないパターンについても記しておきます。妥当な批判とそうでないものが盛んに入り交じったゆとり教育を通じ、様々な失敗について整理できると思います。

ゆとり教育は、教科書が薄くなったとか、読み書きそろばんが軽視されたといった印象を持っている方がほとんどだと思います。生徒にゆとりを持たせることが目的の教育だということです。が、こうした認識はかなり不正確です。

たしかに、生徒全員に課す学習量は減りました。しかし、優秀な生徒は発展的な学習にどんどん挑戦してもらい、勉学が苦手な生徒は他のことに時間を使うという考えとセットだったのです。

こうした考え方は、個別指導塾を開業している私からすると大変に共感できます。

地域トップの県立高に合格するような生徒の場合、中学の授業はあまりに退屈すぎます。率直に言って、授業を受けなくても教科書の内容はさっさと理解してしまうので、ゆとり教育であろうがなかろうが時間の無駄が多すぎるのです。だから、全員一律に課す学習は最低限に留めてもらい、あとは各自が発展的な学習をどんどん進めた方がよい。繰り返しますが、トップレベルの生徒からすると、今も昔も中学校の教科書は簡単すぎるのであり、優秀な生徒の時間を徒に浪費させています。日本を支えるであろう優秀な芽を、みすみす潰しているようなものです。

†誤解による失敗

一方、知的障害には該当しないものの、何らかの支援が必要な「境界知能」に属する生徒が約七人に一人存在するとされています。こうした生徒からすると、中学校の教科書は難しすぎます。

私が開いているような個別指導塾には、境界知能に属すると思われる生徒が毎年のようにやってきます。発達障害やＡＤＨＤを患っているため、勉強が思うようにできない生徒も入塾してきます。

時々、そんな生徒と一緒に学校の宿題に取り組みます。しかしその多くは、彼らにとってはあまりにも難しすぎるのです。当然の成り行きとして、宿題の最初の方だけを丁寧に教え、後半の部分は赤ペンで答えを書き写すことになります。周囲の生徒が当然できる宿題が、どうしても自分にはできない。そんな状況がずっと続くのです。

勉強ができないことを気に留めず、明るく振舞える生徒ならよいです。または、スポーツや音楽といった他に誇れる特技を持っていれば自尊心を保てます。

しかし、そうでない生徒はどうでしょうか。毎日のように大変苦手な勉強ばかりを押し付けられた挙句、どうしてできないのか、ちゃんと勉強しなさいと大人がけしかける様子は、私には叱咤激励ではなく虐待にすら見えます。

境界知能の子供たちに関する本や論文に目を通すと、自尊心の低下を防ぐ必要があるといった旨が散見されます。裏を返すと、それだけ学校に自尊心を低下させる仕組みがあるのだと言えます。

いや、自尊心を低下させているのは学校だけでなく、受験産業もそうです。私にも苦い記憶があります。

ある日のことです。明朗快活な生徒が教室に入り着席するや否や、ずっとうつむいたまま何も話しません。おかしいなと思い生徒に近づくと、黙って私に模擬試験の成績表を渡してきました。

成績はビリでした。それも学校内でビリではなく、県内で最下位です。そして、これは明らかに私のミスでした。彼のように勉強が極端に苦手な生徒の場合、模擬試験の受験を禁ずるべきだったのです。

テストで最下位を取るのは、大変に珍しい出来事です。しかし、著しく勉強ができない生徒の生活では、そんな珍しいことが日常的に生じていて、私たちは気づかぬうちに彼らを傷つけてしまいます。

ゆとり教育は、そんな生徒たちに自尊心を持ってもらう取り組みだと言えます。世間で言われているほどひどい理念であったとは、私には思えません。

一方、こうした考えを踏まえたうえで批判した人々が、果たしてどれだけいたでしょうか。ゆとり教育を批判する書籍をかなり読み込みましたが、事実誤認や憶測に基づく批判が大概でした。私自身、ゆとり教育が上手くいったとは思いませんが、だからと言って荒唐無稽な批判が許されるわけではありません。

世間に正しく伝わるよう、きちんとした広報ができなかったという落ち度はあるでしょうが、批判そのものは不当なものばかりです。だから、この種の見かけ上の失敗は「誤解による失敗」と分類できます。いい加減な世論が特に力を持ちやすい教育問題においては、こうした現象はよくあることです。

†理念の相違による失敗

落ち度も誤解もない「避けられない失敗」もあります。次のような意見を持った人からすれば、ゆとり教育は失敗と見なされます。

義務教育だから、すべての生徒に一定レベルの知識を授けることが最も重要だ。だから、勉強ができる生徒よりも、できない生徒に限りあるリソースを割くのが正しいのだが、ゆとり教育は優秀な生徒を優遇しすぎている。

そう考えたとき、境界知能の生徒たちが特に問題になる。彼らに既存のマンパワーをどれほど効率的に投入しても、習得すべき知識が不十分なまま卒業することは明白。それは、たとえゆとり教育で教科書が薄くなったとしても変わらない。そんな生徒がたくさんいるなか、優先順位が低い優秀な生徒への追加的な学習支援に注力するなど言語道断だ。ゆとり教育とは名ばかりであり、義務教育にそぐわないエリート教育ではないか。といったものです。

実際、勉強が得意な子の学力を伸ばそうという目的があったことは、ゆとり教育を主導した委員の証言や考えが記載されている『機会不平等』（文春文庫）等の書籍・資料からも明らかです。ゆとり教育には、優秀な子を伸ばし国益増大を目指すエリート教育としての側面があったのです。

さて、先ほどの論について、ゆとり教育推進の側から再反論もできますが、おそらく両者は平行線を辿ると思います。と言うのも、これは教育理念の違いによる対立としか言いようがないからです。義務教育に求めるものが違うのです。

こうした批判は、どうやったって避けようがありません。教育理念を作れば、どうしても誰かが納得しえないものが含まれてしまいます。それはもはや論理の問題ではなく価値観の問題なので、一部の論者から失敗の声が挙がるのは仕方がありません。いわば「避けられない失敗」です。

それでも失敗だったゆとり教育

ゆとり教育を擁護する論陣を張りましたが、それでも失敗であったと考えます。先生や生徒たちへの要求が大きすぎたのです。

象徴的なのが「総合的な学習の時間（以下、総合学習）」の存在です。文科省によると、総合学習の目的は「変化の激しい社会に対応して、自ら課題を見付け、自ら学び、自ら考え、主体的に判断し、よりよく問題を解決する資質や能力を育てることなどをねらいとする」ことです。

この目的の背景には、教科学習だけでは生徒の多様な能力を十分に伸ばせないという考えがあります。だから、それを補うために科目横断的な総合学習が考案されたと整理すればよいと思います。

この総合学習では、先生に大きな裁量権が与えられました。基本的に、自由に授業を設計してよいのです。裏返せば、マニュアルのない授業ということであり、良い授業をするためには大変な時間と労力が必要でした。

しかし、学校業務は日々忙しくなる一方です。また、入試には直接関係ないように思われるため、どうしても優先順位が低くなりがちです。先生や生徒の能力が大きく問われるため、そもそもすべての環境で実施するのが難しいという事情もありました。

その結果、総合学習の時間が修学旅行の班決めや合唱コンクールの練習の時間になるといった現象も生じましたし、総合学習を教科指導に変えてしまっている学校さえ見られました。ベネッセ総合研究所が実施した第四回学習指導調査報告書にも、「当初目的としていた「知識・技能の総合化」や「課題解決能力の育成」のためだけではない形で機能している可能性（あるいは、当初の目的以上の機能を担わざるを得ない学校の現状）が指摘できる。」とあります。

当塾の生徒と雑談をしていても、総合学習がきちんと機能しているとは到底思えません。進路について調べるためタブレット端末を利用するものの、大半の生徒がネットサーフィンを楽しんでいるだけで終わるなんて話はよく耳にします。学校に配布されるようになったタブレット端末は、総合学習の時間によく使われるのです。

私たちが想像するより、子供たちのＩＴスキルは高いと考えた方がよいと思います。

二〇二一年五月一日の中日新聞には「学校のタブレット「家ではゲーム機」小中学生配

備端末に〝抜け道〟」としたうえで、子供たちがあの手この手でタブレット端末を悪用する姿が報じられています。大人が施した対策を、ことごとく子供たちが破ってしまうわけです。

この手の話も、生徒たちからよく聞きます。検索履歴の残らないシークレットモード等の様々なスキルをクラスの知恵者が流行させた結果、みんなが好き放題に総合学習の時間に遊ぶようになったとか、送信者を隠す小細工を施したうえで先生や同級生たちに際どい画像を送り付けるといった愉快犯がいるなんて話さえあります。クラスに一人、高いITスキルを持った生徒がいれば、そのスキルはたちまちクラスに共有され、先生よりも生徒の方が一枚も二枚も上手を行ってしまうわけです。かつて、授業中に隠れて携帯ゲーム機で遊んだり、漫画を読んだりしていた方もいらっしゃると思いますが、タブレット端末の存在は、そんな行為を随分と容易にしてしまったと言えます。それはそれで、授業をサボりたいという意志によってITスキルが上がるわけですから、良い意味での意図せざる結果かもしれません。が、総合学習の本来の目的や意図がなかなか達成できない現状があることには変わりありません。素晴らしい総合学習を実践している熱心で優秀な先生方もいらっしゃいますが、残念ながらそうではない現状もたくさんあるわけです。

「教員による一方向的な講義形式の教育とは異なり、学修者の能動的な学修への参加を取り入れた教授・学習法の総称」。これは、文科省によるアクティブラーニングの解説を抜粋したものです。

†総合学習と似ているアクティブラーニング

総合学習は「科目」、アクティブラーニングは「教授法」という違いはあります。しかし、両者の関係性は密接です。もし総合学習をきちんと機能させるならば、先の解説を満たす必要があるからです。生徒による主体的な行動が総合学習のカギなので、アクティブラーニングなき総合学習なんて、本来はありえないのです。

その総合学習は、先述のとおり失敗してしまいました。

たしかに、総合学習が失敗したのでアクティブラーニングも失敗する、とは言えません。アクティブラーニングの成功は、総合学習成功の必要条件の一つに過ぎないからです。総合学習失敗の主因は、もっと別にある可能性もあります。が、だからといってアクティブラーニングは大丈夫だろうと考えるのは余りに楽観的すぎます。

従来から、アクティブラーニングを採用していた名門校は数多く存在しており、そこでは素晴らしい授業が展開されてきました。一定の環境下において、アクティブラーニングが優れた教授法になるのはまず間違いないと思います。しかし、教育困難校が象徴するように、一斉授業さえままならない学校があるなかで、一律にアクティブラーニングを導入するのはどうかと思います。

理想の人間像から出発する議論では、雨後《うご》の筍《たけのこ》のように教育手法が考案されます。しかし、失敗の原因をきちんと検証・共有しないため、かつての失策と似たようなものが名前だけを変えて再登場してしまうのでしょう。

†なぜ上手くいかないのか

一つ目の重要なポイントが「思想の議論」です。

確認ですが、人間像を出発点として議論を進める限り、必ずそれは思想になります。トモエ学園や防衛大学校が分かりやすい例です。だから、特定の価値観の下での合理性が追求されるため、その思想に共鳴できない人々にとっては非合理的になるのです。

たとえば、思考力・判断力・表現力に大変な価値を認める思想の下では、それらを伸長すると思われる記述試験導入のため、多少のデメリットは黙認されます。

また、審議会がタコツボ化し、フィルターバブル的な現象が生じやすくなっているため、議論をするほどに思想が先鋭化していきます。先に例示した価値は、多くの人々にとって重要だと見なされるでしょうが、その程度において文科省・審議会内と外で大きなギャップが生じてしまいます。だから、内と外における合理性にも大きな相違が生まれてしまうのです。

普通に教育の議論をしようとすれば、理想の人間像を端緒とした「原理に貫かれた体系」になってしまいます。だから、どれほど小手先の改善を施そうとも、先に記したデメリットが生じてしまうため、延々と失敗を繰り返すわけです。外から眺めると摩訶不思議な改革が、それも数々の問題点が指摘されつつ強行される理由もここにあります。

二つ目のポイントが「平易な難問」です。これは本質的に不可避の現象であるため、どこまで弊害を低減できるかが勝負になります。しかし、作問・追跡調査をはじめとした入試業務が不十分であるため、その弊害が大きく生じてしまっています。たとえ入試改革により思考力が要求されるようになったとしても、現状ではたちまち受験産業に攻略されてしまい知識偏重の入試になっていくでしょう。

第四章 こうして改革は失敗した

†理想が膨らんだ三年と、撤収するのにかかった五年

今回の改革を前半と後半に分けるとすれば、前半は理想や夢が膨らんだ三年間でした。二〇一二年八月二八日、文部科学大臣からの諮問を受け、中央教育審議会が高大接続特別部会を設置し議論が始まりました。「高大接続」とあるように高等学校教育と大学教育を円滑に接続することで、よりよき教育を目指そうという考えでした。必然的に、両者の繋ぎ目である大学入試改革が目指されたわけです。ただし、高等学校教育の質の保証・大学入学者選抜の改善・大学教育の質的転換について一体的に検討することが目的でしたので、入試改革だけが議論されていたわけではありません。

同年一二月二六日に第二次安倍政権が発足し、約一か月後に私的諮問機関である教育再生実行会議の第一回会議が開催されました。

二〇一三年一〇月三一日、第一四回会議にて、改革の目的・方針等をまとめた第四次提言を安倍総理大臣に手交。同提言の内容を受け、高大接続特別部会も議論をリスタートしました。

二〇一四年一〇月二四日、二一回にわたった高大接続特別部会の議論が終了。同年一二

月二二日、中央教育審議会（第九六回）にて、議論の成果である答申が文部科学大臣に手交されました。同総会である委員は、教育再生実行会議の役割は大方針を出すことであり、ゴルフにおけるティーショットだとしたうえで、中央教育審議会は具体的な実施の中身を詰めるアプローチやパットだと述べます。そしてそのプロセスが上手くいったのだと賞賛しました。

しかし、手交された答申は決して中身を詰めたものにはなっておらず、打たれたパットがカップインしたとは言えない状況でした。この時点で既に、実現可能性を疑問視する主張が上がっており、しかも解決の目途がまったく立っていなかったのです。

二〇一五年三月五日、第一回高大接続システム改革会議が開催。高大接続特別部会で詰め切れなかった内容をきちんと詰めるべく、ショートパットを試みるフェイズだと言えます。以後、一四回の会議を経て、二〇一六年三月三一日に最終報告が公表されます。

ところが、同会議にて議論されるはずだった新しい入試の具体的なあり様はなかなか決まらず、多くの懸案事項が先送りされました。その代わり、改革や教育はかくあるべしといった、教育再生実行会議でなされるべき話題がたびたびあがりました。パットによりカップインを目指すはずが、ティーショットを試みる委員も散見されたわけです。

一方、専門的な知見を持った委員及びパブリックコメントから、課題が多く現実的ではないといった指摘がたびたびなされました。しかし、そういった懸念への対処ではなく理想の追求が優先されてしまったのです。二〇一三年の教育再生実行会議の開催から事実上の議論がスタートしたと考えれば、この三年間は理想が膨らんだ時間だったと言えます。

二〇一六年五月一九日、第一回「大学入学共通テスト」検討・準備グループ（仮称）が開催。なお、同会議では議事録が公開されず、議事概要しか読めなくなりました。

二〇一六年一一月二一日、中央教育審議会初等中等教育部会の教育課程部会（第一〇〇回）にて、第三章で紹介した資料「高大接続改革の進捗状況について」が配布され説明がなされました。同資料では「国立大学の二次試験においても、国語、小論文、総合問題のいずれも課さない募集人員は、全体の約六割にのぼる。」としたうえで記述試験導入の意義を記すという無理筋の記述がありましたが、同部会にて何ら指摘がなかったことは先述のとおりです。

二〇一七年八月二二日には「高大接続改革の実施方針等」が公表されますが、未だ入試の具体的な姿は見えてきません。

二〇一八年三月二七日、第一二回「大学入学共通テスト」検討・準備グループ（仮称）

が開催。以降、「大学入学共通テスト」検討・準備グループに改称され、二〇一九年五月二九日には第一三回目の同会議が開かれます。議事要旨でしか議論の内容を確認できませんが、この段階になってもなお具体的な試験の実施方法が固まらないばかりか、そもそもなぜ新しいテストをするのかといった初歩的な疑問が話題にのぼっていたようです。

二〇一九年一一月一日、萩生田文部科学大臣が英語民間試験の見送りを発表。同年一二月一七日には記述試験の導入見送りも発表されます。

文科省は大学入学者選抜実施要項を通じ「二年前ルール」を各大学に求めています。入試に必要な教科・科目の変更は、二年程度前に公表するというものなので、新テストが始まる約一年前の導入見送りは明らかなルール違反です。

二〇二〇年一月一五日、第一回大学入試のあり方に関する検討会議が開催。二〇二一年六月二二日、第二七回目の同会議にて、二〇二五年一月以降の記述試験および民間試験導入を見送る方針で一致したことをもって、ようやく事態は収拾に向かいます。

こうして経緯を眺めてみると、三年間かけて積み上げた理想の後ろ側に、多くの課題が山積みとなっていたことが分かります。その課題の後片付けに約五年を要したのみならず、受験生や保護者、そして学校関係者に不安と混乱を与えてしまった格好です。理想は現実に存在しないから理想なのであり、それを叶えるためには数多のハードルが存在するという当たり前の事実は、あまりに素晴らしく見えた理想のために軽んじられてしまったのです。

第三章では、入試改革が上手くいかない理由を巨視的に考えてみました。本章では実際の議論を概観しながら、どうして失敗してしまったかを、もう少し具体的に検討していきます。騒動を巻き起こした改革に区切りがついた今、失敗の理由を検証することには意義があると考えます。

†教育は理想と希望の漂流地

一般論として、教育政策は産業界や政界の影響を受けやすいと言われています。今回の改革でも、産業界の重鎮が委員として議論をリードする姿が見られましたし、政治家も一定の影響を与えていました。

高大接続特別部会の答申が手交された総会にて、下村文部科学大臣が「教育改革については、私はしていくということでありますから、それだけ責任も重大になるわけでありまして、本日、皆様方から言われたような話は、できないということは言えませんので、一つ一つをきちんとやり遂げることによって責任を果たすということが、私自身に、あるいは文部科学省に問われているのではないかというように思います。」と述べましたが、この発言について何も感じない文科省の職員はいないでしょう。改革は是が非でも進めなくてはならないという「空気」が醸成されていったことは容易に想像がつきます。

空気とは、曖昧な掟のことです。契約や法のように、その内容が明瞭ではないものの、人々を強く拘束する明文化されていないルールです。しかも、掟のあり様は刻々と変化するため摑みどころがありません。新型コロナ禍の初期、〝自粛警察〟が出現するほど厳しい掟であった空気が、いつの間にか酒盛りを許してしまう緩い掟になったようにです。この空気を必要以上に守ろうとしたとき、政治家と官僚間にて忖度《そんたく》が生じます。

しかし、たとえそんな空気がなくても、そして政治家や委員たちによる議論の結果が支離滅裂だったとしても、それに従うのが官僚の職業的良心です。選挙によって国民の信託を受けた政治家や、主権を持った国民そのものである委員たちの結論に対し、それがたとえ馬鹿げたものであっても尊重するのが、国家や国民に仕える公務員として正しいはずです。ですから、そもそもの原理原則として、産業界や政界の影響を受けるのは当然のことです。むしろ、影響を受けなくてはなりません。

こんな原理原則の話をしてしまうと、他の政策でも該当しそうです。ところが、高度な専門性が要求される分野の場合、一部の専門家以外は議論に参加するのが難しいため、必然的に産業界や政界の影響を受けにくくなります。「教育政策は産業界や政界の影響を受けやすい」という言葉には、財界人や政治家による根拠なき印象論が力を持ってしまうというネガティブなニュアンスが含まれています。

ただし、影響を受けるのは産業界や政界からに限りません。

そこかしこに存在する問題のほぼすべては、何らかの形で人間が関わっています。だから、より良き人間を育成することで解決を図ろうという考えに帰着しがちです。なかには、解決困難な課題に対し、人材育成に最後の望みを託すケースもあるでしょう。必然的に、教育にはありとあらゆる分野から希望が漂流します。

希望を託すのは、政治家だって同じです。専門分野を有していない政治家にとって、数少ない活躍できるフィールドが教育です。誰もが教育を受けた経験があり、多くの人は誰かを教育した経験があるため、誰しもが一家《いっか》言《げん》を持てる教育分野であるだけに、誰でも議論に参加できます。

もちろん、そのことは大変に良きことでもあります。が、往々にして基本的なデータや現状を確認せず思い込みで話してしまうので、しばしば混乱を巻き起こします。かつて、ゆとり教育との決別を宣言した文部科学大臣がいたようにです。ゆとり教育が方向転換を迫られたことは事実ですが、今なお引き継がれているものが多々存在するため決別は無理な話です。今回の改革で議論されている内容も、当時なされていた議論の反復や継続が見られます。

こうして、入試改革の議論にはあらゆる希望が流れ着きます。希望と希望の間には衝突もあるでしょうが、第三章で記したように抽象的な言葉を重ねることで一つの文章にまとめあげますので、少なくとも表面上はすべて取り入れられます。好き放題述べる委員たちの希望や要望を、あの手この手で収斂させる文科省の職員たちは本当に優秀だと思います。

一方、優秀であるが故に致命的な欠陥を抱えたまま議論が進んでしまったとも言えます。彼らがこれほど優秀でなければ、議論は早々に破綻していたかもしれません。優秀であるが故に、理想や夢が壊れずに膨らんでしまった結果、撤収するのに五年間も要してしまったのです。

これもまた、教育の世界でしばしば見られる意図せざる結果でしょうか。

それでは、膨らんだ理想とはどういったものだったのでしょうか。ここでは、導入されるはずだった記述試験に絞って記します。

改革における大まかな方針が定められた第四次提言を受け、第一二回の高大接続特別部会では、共通テストで計測すべき能力に関する議論がなされました。同会議における配布資料「資料5 達成度テスト（発展レベル）（仮称）に係る論点」では、「基礎的・基本的な知識・技能」「知識・技能の活用力（思考力、判断力、表現力等）」「高校生活全体を通じて培われる汎用的能力等」があげられました。また、「これからの大学教育を受けるために必要な「主体的に学び考える力」等の能力」を計測するため、先の三つの能力等を重視すべきではないかとの記載が見られます。

大雑把にまとめれば①基礎知識、②思考力・判断力・表現力、③汎用的能力、④主体的に学び考える力、の計測が検討されたと言えるでしょう。こうした多様な能力を問うために、記述試験の導入も検討されていきます。

しかしながら、共通試験で「汎用的能力」や「主体的に学び考える力」を計測するのは、受験産業が発達していない欧米諸国でも相当難しいでしょう。これまで見てきたように、共通試験には作問にあたっての制約が多いからです。

また、二〇一四年六月三〇日に開かれた中央教育審議会（第九一回）では、「個別学力検査というのを個別の大学がやるという方向ではないような形で審議をしていただきたい。少なくとも国立大学のように国の全体の方針の中で決められるような大学に関しては、個別の学力検査はやらない方向で今後審議していただければと思います。」といった発言も出されました。同年七月二五日に開かれた第一七回高大接続特別部会にて配布された資料「六月三〇日の中央教育審議会総会における主な御意見」にこの意見は記載され、実際に同部会でも議論になりました。

練りに練られた東大のペーパーテストさえも共通試験で代替できるとする考えが、本気で検討されていたことに驚きを禁じえません。なお、この意見については、同部会で反対意見が上がったものの、要領を得ないやりとりにより有耶無耶《うやむや》になったことも書き添えておきます。

このように、新しいテストには過剰な期待が集まりました。そして、このように水ぶくれした理想がしぼみ切るまで、前項で記したように約五年の年月を要したわけです。

こうした主張に対し、当然ながら異論や疑念も出ます。たとえば、第一二回の高大接続特別部会では、基本的な能力を共通テストで問うのは分かるが、応用的なものを計測するのは難しいのではないかという意見が専門的な見地からなされます。

しかし、そんな反対意見は「かたつむり論法」によって退けられてしまいます。修辞学者、教育学者の香西秀信氏の著書『反論の技術――その意義と訓練方法』(明治図書出版)によれば、かたつむり論法とはベンサムが命名した論法であり、議論における場外乱闘の技術の一つを指します。

たとえば、まったく反論の余地のない厄介な正論が登場したとします。その正論に立ち向かっても勝ち目はありません。

そこで、まずはその論を肯定します。そして、大変に重要な主張であるため、じっくりとプロジェクトチームを作って検討しましょうといった形で話を締めくくり、あわよくば時間切れを狙ったり闇に葬ったりするわけです。勝ち目がない論戦を始めないための戦法だと言えます。

また、先ほど要領を得ないやりとりで話が流れたと記しましたが、これもまた香西氏が似たような論法を紹介しています。質問の内容とは、あまり関係のないことをダラダラと話し続けることで、相手が馬鹿らしくなって質問をやめるのを狙ったり、喋りたがりの登場により議論が違う方向に流れるのを待ったりするという戦法です。なお、誤解なきよう補足すると、こうした場外乱闘の技術は同書のあとがきに記載されているのであり、これらをメインに取り扱った書籍ではありません。

今回の改革をめぐる議論では、場外乱闘の技術が幾度なく使われました。反論が困難な主張については、「ご指摘のような課題はごもっともですので、今後検討していきましょう」とか「それでも、未来の教育・子供たちのために頑張って知恵を出し合いましょう」といった旨を発言することで、反論をせずしてその場をやり過ごしてしまうわけです。しかも、「未来の子供たち」は錦の御旗であり、なかなか反論しにくいのが人情ですし、この手の主張をされている委員のなかには、テクニックではなく純粋な気持ちから発していた方々もいたことでしょう。

†分割に次ぐ分割

「困難は分割せよ」は、デカルトの言葉だとされています。大きな困難を分割して小さな困難とすれば、上手く対処できるとするものです。

今回の改革でもたくさんの困難が分割され、数多のワーキンググループや部会等で議論がなされました。が、分割されすぎました。

第一〇回高大接続システム改革会議にて「常に全体が見えないのですが、しかし、個々のところで議論していくしかないと私は思います」との意見が出たように、参加している委員たちでさえ全体像を把握できていませんでした。必然的に、解決すべき課題やリスクの全体像も分からなかったということになります。

改革に関する議論が多くの組織で実施されたうえに時間軸までバラバラであり、議事録が公開されていないケースもたくさんありました。このように、懸案事項を検討してくれる組織が数多あったことも、かたつむり論法を駆使しやすかった一因でしょう。リスクを分割・分配した結果、どこにどの程度のリスクがあるのか不透明になり、破綻した米国のサブプライムローン問題を想起させます。

一方、分割された数多くの困難のなかでも、特に厄介なものを引き受けてしまった新テストワーキンググループでは、その課題の大きさに当惑していたようです。同グループにて主査を務めた岡本和夫委員は、第八回高大接続システム改革会議の最後に発言を求められ、その苦しい胸の内を吐露しています。「今、皆様の意見を聞いていて、なぜか気がだんだん重くなってきて」という言葉から始まる岡本委員の発言から、各委員がテストに期待する大きな役割と、その達成が甚だ困難な現実との間で苦しむ様子が伝わってきます。

†現実離れと押し付け

熱く理想や夢を語り、是が非でも実現しなければと意気込むものの、その実現のために苦労をするのは熱弁を振るった弁士ではなく、岡本委員のような理想の達成を命じられた人々であり、未解決のまま押し付けられる現場の人々なのです。今回の場合、現場に押し付けられる寸前で破綻しましたが、受験生をはじめとした多くの人々に多大な迷惑をかけたのは間違いありません。

さて、そんな高大接続システム改革会議の議論を経て作成された最終報告では、次のような記述試験導入のメリットが記載されています。

「複数の情報を統合し構造化して新しい考えをまとめる思考・判断の能力」や、「その過程を表現する能力」をよりよく評価するのに有効である点。そして、高校教育において、習得・活用・探究の学習過程における言語活動等の充実が促され、生徒の能動的な学習をより重視した授業への改善が進む点です。

「思考・判断の能力」の前に長い枕詞がついているのは、既存のセンター試験はよく練られた良問であり、思考力・判断力を問えているという主張が相次いだことが影響していると思います。困難や組織だけでなく、思考力・判断力といった能力も分割することで、記述試験導入の意義が確保されました。

しかし、そのことで問題も生じました。批判的な意見をあげていた委員のなかでも、特に舌鋒《ぜっぽう》鋭《するど》かった心理学者の南風《はえ》原《ばら》朝和《ともかず》氏は、こうした高度な思考力・判断力を問うという目的がある一方、実際に行うのは簡易的な記述試験に過ぎない点を問題視します。期待するメリットと現実的に測定できるものに乖離があるということです。二つ目のメリットである能動的な学習の促進については、個別試験で出題される本格的な記述試験でさえ達成できるか疑問が持てるくらいであり、もっと疑わしいとしています。

テスト理論に精通している南風原氏の主張は豊富な知見に裏付けられており、ほぼ反論不能と思われるものでした。

その他、本章では取り扱わなかった個別試験改革を「目標そのものが現実離れしている」と厳しく指摘。基礎学力を計測するテストである「高等学校基礎学力テスト（仮称）」については「夢のような話」と強く批判しました。なお、同テストは、この当時目指されていた仕組みがかなりスケールダウンした形で「高校生のための学びの基礎診断」として実施されています。が、高校生の視点からすれば、今までと何が変わったのか分からないでしょう。

それと言うのも、高校生のための学びの基礎診断は、ツールとして認定された既存の民間試験で実施されているからです。既存ですから、今まで高校生が受けていた試験と同一です。「夢のような話」は、やはり夢だったのです。

たとえば、ベネッセが作成しているスタディーサポートは、従来から多くの学校で実施されてきたテストであり、同テストはツールとして認定されています。つまり、高校生の目線からすれば、以前と変わらずスタディーサポートを受けているだけであり、ほぼ何ら変化がありません。スタディーサポートのような既存の試験が各学校で活用されていることをもって、高校生のための学びの基礎診断がうまく機能しているとするのは強引です。

†頻発する共有のコペルニクス的転回

目指すべき人材像のような目的・目標の意味するところを一つに確定し共有するのではなく、意見を可能な限り取り入れ、あえて多様な意味に解釈できる曖昧な目的を作ることで共有化を図る手法を、共有のコペルニクス的転回と表現しました。あちこちから希望が漂流する教育の議論においては、たしかに一理ある方法です。たまに参加して議論とは無関係の自説を唱えるという、ちょっと迷惑な委員の発言さえも丁寧に取り入れてできる文章は大変な労作でもあります。

しかし、出来上がった目指すべき人材像や教育のあり様は、そのタコツボ的な会議に参加している人だけが共有できるものです。参加者の主張をすべて取り入れることで、全員が納得する抽象的な目的になるのですから、議論に参加していない部外者からすれば、長々とした表現にしか見えないでしょう。

目的・目標を、数字等を用いて客観的かつ明瞭に表現できれば話は別ですが、教育に関する議論の場合、なかなか難しいのです。結果、分割されたそれぞれの組織においても、目的を共有するための抽象的な議論が展開されがちになります。具体的なことを議論すべき局面だったはずが、必ずしもそれができなかったのです。

また、参加する委員は、特に教育について熱い思いを持った方々が多いため、どうしても自らの教育理念を交えた主張になりがちです。教育再生実行会議等で理念レベルの話が済んでいることは承知しているでしょうが、それでもなお自身の理念が政策に反映されるよう持論を展開する姿も見られました。必然的に、理想や夢は水ぶくれしていきます。

こうして、具体的な懸案事項は遅々として議論が進まない一方、空理空論にも思える抽象的な理念レベルの話が行われるわけです。「教育学のとめどない思弁化への誘惑」は、何も教育学だけに限った話ではなく、教育について語ろうとすれば、誰しもが陥ってしまう罠なのでしょう。

†決定的に欠けた攻略側の視点

入試問題はどういった特徴を有しているのか、そしてどのような攻略情報に基づきどんなトレーニングをしているのか。こうした攻略側の視点が決定的に欠けたまま議論が進んだ点も大いに難がありました。受験生の勉強のあり様が理解できれば、どんな能力の伸長が試みられているかが推測でき、そこではじめて、その能力の不適切さが分かるため改善策を検討できるはずです。

しかし、教育再生実行会議・高大接続特別部会・高大接続システム改革会議の議事録を読む限り、そういった視点から具体的な議論が展開されることはありませんでした。

また、その類の思考力・判断力・表現力であれば、定石で攻略されてしまう既存のペーパーテストでさえ、かなり問えているのではという疑念が何度も頭をもたげました。そして同時に、既にある程度は問えているものを問うために、膨大なコストをかけてでも改革を実現しようとする委員たちは、先に述べた攻略側の視点をどれほど理解しているのだろうと思わずにはいられませんでした。センター試験の科目を統廃合する議論をするというのに、そもそも科目の違いが分からない委員や、根拠を提示せず今の高校生や高校教育はダメだと強調する委員を見るたびに、そうした思いは強くもなりました。

同じ印象論でも、当初より著しく難化した近年のセンター試験を解いていれば、今の高校生や高校教育がてんでダメだという主張にはならないでしょう。センター試験の改革を議論するならば、せめて数年分のセンター試験を解いてから臨むのは最低限の準備だと思うのですが、委員たちがその準備をしていたのか極めて疑わしいのです。

繰り返し記してきたように、既存の入試はおおよそ定石で攻略できてしまうため、大学側が問いたい能力を計測できていない可能性が高いと言えます。膨大な定石を習得しないと攻略が困難であるため、大学入試が知識偏重になっていることも事実です。

しかし、まるでクイズのごとく、知識さえあれば解けるという話ではありません。難関私大の日本史・世界史のように、カルトクイズの様相を呈しているケースもありますが、複数の定石を駆使しながら正答する過程において、思考力・判断力・表現力の類は使用されます。

問題は、そうした思考力等が問えていないことではなく、本来の学問から外れた形でしばしば受験対策がなされ、そして合格できてしまう現状にあります。受験生が合格のためだけに勉強をし、それが結果として大学にとっても望ましい学習になっているという均衡点の到達は一つの目標になりますが、そこから大きく外れているのがマズイわけです。合格のために必要な思考力等の能力と、大学側が求めるそれとの乖離が問題だということです。議論を見ていると、既存の入試は思考力が問えない代物だと勘違いしている委員がいるようで、かなりの不安を感じました。

また、第一章でその一端を紹介した現代文の勉強法などは、受験の外の世界でも十分に有用です。私自身、難解で抽象的な文章に出会うたびに、未だに入試における定石を使用しています。たとえ数学がパズル解きゲームになっていたとしても、そのゲームを攻略する過程においては、ビジネス書でよく目にするような思考法がしばしば使われることも紹介しました。パズル解きゲームで数学の適性が問えるのだろうかという大きな問題があるものの、だからと言ってすべてが悪いというわけではありません。

†思想の議論の落とし穴

思想とは、まとまった考えのことです。原理とは、考えをまとめるための前提です。まとまりのなかで最も重視するものです。第三章では、原理に貫かれた体系を求めるならば、それは必ず思想になると先述しました。そして、国家の教育政策は教育思想として構想されていることを記しました。

今回の改革における原理は、脱知識偏重と多面的な評価に求められるでしょう。教育再生実行会議による第四次提言や高大接続特別部会の答申にて、知識偏重の入試がたびたび問題視されたうえに、多面的な評価の必要性が盛んにうたわれました。しかも、高大接続特別部会の答申が手交されたその場にて、改革をやり遂げ責任を果たすことが「文部科学省に問われているのではないかというように思います。」という、文部科学大臣の重い言葉まであります。答申の実現は至上命令でしょう。

委員やパブリックコメントから強い批判を受けても、多面的評価の肝と見なされた記述試験導入を模索し続けた事実もまた、脱知識偏重と多面的な評価が原理の域に達していたことを示唆しています。

思想であれば、それは特定の人のみが共鳴するものになります。また、ある思想を持った人との対立も避けられません。思想と思想の間には緊張関係が生じます。

トモエ学園や防衛大学校のような、希望者だけが教育を受ける組織であれば、対立が起きても問題ありません。防衛大学校の教育思想では、自由奔放な環境でないと才を発揮できない生徒は埋もれてしまうのでしょうが、その生徒が他の学校に移ればよいだけです。そもそも、そういった生徒は防衛大学校に入学すべきではないでしょう。規律を重視したいと考える親御さんだって、トモエ学園にわざわざ子供を入園させません。この二つの学校は、原理に貫かれた体系を洗練させていけばよいわけです。

ところが、国の教育政策ではそうもいきません。たとえば、多面的な評価を貫徹することで大学合格のチャンスが著しく減ってしまう不登校児はどうでしょうか。第五章で紹介するように、不登校児のなかには過酷ないじめを受けた結果、人と上手くコミュニケーションが取れなくなった生徒がいます。面接やプレゼンテーション等で評価されたらお手上げですし、学校に通っていないので調査書は白紙。ペーパーテストの一発勝負ではなく、高校生活を含めた様々な観点から評価をされては困るのです。

多面的な評価を貫徹すれば、運悪くいじめられ引きこもってしまった生徒の社会復帰が妨げられます。しかも、いじめ問題は大きな国民の関心事です。いじめ被害者の救済をもっと重視すべきという原理を持つ国民も多いことでしょう。本来であれば、ここに原理と原理の対立があって然るべきだったはずです。その対立を軟着陸させるための「原理の調整」が必要だったのです。

他方、今回の改革でも、そんな原理の調整がなかったわけではありません。第一七回高大接続特別部会では、ノーベル賞を取った日本人のなかには、話すことも人付き合いもとても下手な人がおり、そうした人は面接試験で選ぶと絶対落ちるという意見が、医学者の濱口道成委員から出されています。多面的な評価の弊害を指摘したわけです。この意見が影響したのか、答申では尖った才能を評価する重要性について言及がなされています。これは、原理の調整がなされた結果です。

しかしながら、高大接続システム改革会議を経て最終報告が公表されるまでの一連の議論においては、先に見たような原理の調整はあまりなされませんでした。多面的な評価の実施に際する技術的な欠陥は多く指摘された一方、多面的な評価そのものの是非やデメリットについては十分な議論がなされなかったのです。公表された答申や最終報告にも、多面的な評価を推進する文言がたびたび登場する一方、その弊害の是正については殆ど記載がありません。

ここに、国家による思想の議論の難点が見て取れます。思想の中核である原理が、さも当然の前提として話が進むため、原理そのものの是非が問われにくいのです。教育再生実行会議のような大方針や目的、つまり原理を決める局面なら話は別ですが、それ以外の議論において原理は前提であり、その正当性に疑うことなく従うのは筋だとさえ言えます。

次章では、原理が貫かれることで零れ落ちてしまう存在に焦点を当てます。当塾に通塾していた、いじめ被害者の不登校児・発達障害や境界知能を有する生徒たちは、多面的な評価によって苦戦を強いられます。

なお、次章に登場する生徒たちの氏名をはじめとした情報は、個人の特定を避ける観点から改編していることをご了承ください。

第五章

多面的な評価を多面的に評価する

†成績優秀だった山田君

「できれば、あまり大学の話はしないでいただければと思いまして……」

保護者の方からいただいた、とても珍しい電話でした。進路選択に役立つ話をしていただければ……というご要望は時々受けますが、今回はその逆です。

「実は、過去にひどいイジメを受けておりまして、家から一人で出られない状態です。これまで、とてもよくしていただいて息子も楽しそうだったのですが、将来の話になると塾に行きたくなくなるようです」

どうやら、山田君の話し相手となり、社会復帰のサポートをしてほしいという要望を親御さんは持っているようでした。学習指導や進路相談ではなく、山田君と外との接点作りが目的だったわけです。フリースクールやカウンセリングはもちろんのこと、自然体験キャンプ・アニマルセラピー・島留学・精神科への通院等々、ありとあらゆる方法を試してはみたものの、状態は改善しないどころか悪化してしまう。そんななか山田君が当塾に関心を示したため、藁《わら》にもすがる思いでやってきたようなのです。

しかし、私は引きこもり支援の専門家ではありません。でも、山田君と話ができる人は、現状だと親御さんと私だけであり、私が外との唯一の接点であることも事実。色々と迷った挙句、山田君を引き続きお受けすることにしました。

山田君は、本当に優秀な生徒でした。中学から不登校だったにもかかわらず、高校で最初に受けた全国模試では偏差値70を超える教科があったほどです。指導していても、卓越したポテンシャルをひしひしと感じました。だから、色々なハードルはあれど、こんな才能を生かさずおくのはもったいないと思い、私はあれこれと将来の話をしていたのです。

親御さんからの電話を受けて以降、私が山田君と大学の話をすることは一切なくなりました。山田君と私の、社会復帰に向けた二年間が始まったのです。

†大きな期待はしない方がいい

サポートにあたって真っ先にしたことが、専門家への相談でした。当塾で一定レベルの社会復帰をした後、専門家へバトンタッチする必要がありましたし、当面の間、私がすべきことについても相談したいことが山のようにあったからです。が、いきなり重たい現実を突きつけられてしまいました。

「一般的に、引きこもった時間が長いほど復帰にかかる時間も長くなってしまう。山田君は、もう五年六年と引きこもってしまった。あまり、大きな期待はしない方がいいと思う」

長年、不登校児やひきこもりと向き合ってきた専門家による一言には、相当な重みがありました。そして私自身、山田君に難関大の受験を強く勧めておりましたので、厳禁であった「大きな期待」をかけていたのでした。山田君は、そんな期待をかけられるのにナーバスになっていて、当塾に来るのが嫌になったのでしょう。

あまり、大きな期待はしない方がいい。裏返せば、そんな期待を持たせてしまう言葉が世には溢れている一方、なかなか現実は上手くいかず時間が過ぎ、徒労感だけが蓄積されてしまうという構図があるように思えました。事実、山田君のご家庭は、もう万策尽きた感があったうえに相当なお金もつぎ込んでおり、精神的にも経済的にも疲弊しきっていました。

誰かをいじめるのに、そんなに多くの労力は必要ありません。現代であれば、陰湿な書き込みをクラスのグループラインにでもすればよいだけの話です。指殺人なんて話があるように、人の心を壊すのも指一本でできてしまいます。

一方、深刻ないじめを受けた生徒が負った傷の修復に要する労力は、いじめが気軽にできてしまうのと比べあまりにも大きい。何とかしなければと懸命にもがくものの、なかなか前に進めない山田君とご家族の姿を見ていると、本当にそう思います。

小さな一歩

山田君は、コミュニケーションがとても苦手です。元々は明朗快活で、スポーツチームでも中心選手として活躍していたようなのですが、私が知る山田君には、そんな面影は一切ありません。聞き取れるかどうかの声を、やっとのことで絞り出すといった感じです。

　こうした状況だと、面と向かって話すだけではなかなか間が持ちません。しかも、山田君は他の生徒が来ない早めの時間帯に特別枠を設け授業をしていましたので、九〇分間の完全なマンツーマンです。早々に話のネタは尽きてしまいます。

　試行錯誤した結果、私と山田君のコミュニケーションは、ゲームやお笑い動画を媒介して行われました。当面の目標が、山田君と友人になることでしたので、私が面白いと思う動画を積極的に見せました。共有できる価値観（＝笑いのツボ）を見つけ、一緒に笑うことが友人への一歩だと思ったためです。山田君が楽しむためには、私自身が楽しむべきだという原理原則を設定したとも言えます。もちろん、専門家の方から引き続きアドバイスを受けながらの対応でした。

結果的に、私が面白いと思うものを推奨していくという姿勢は、まずまず上手くいったと思います。後述するように、山田君は相当に敏感な感性を持っていたので、もし私が愛想笑いをしていたら、すぐにそれに気づいてしまい居心地が悪くなっていたことと思います。

お笑い動画を紹介するなかで、本当に助かったのが、渡辺さんがくれた数々のDVDでした。渡辺さんは年の離れた飲み友達兼師匠のような存在で、あの立川談志師匠から寵愛《ちょうあい》を受けるという、世にも珍しいサラリーマンでした。談志師匠に心酔しており、頼んでもいないのに談志師匠関連の選り抜きDVDを山ほど送ってきたため、ストックが豊富にあったのです。

嬉しい誤算だったのが、山田君がそのDVDを視聴し、ゲラゲラ笑ってくれたことでした。毒が強すぎるものは取り除いたうえで、談志師匠が過去に出演したテレビ番組等を見せつつ、渡辺さんから聞いた滅茶苦茶な話を適宜添えたのでした。弟子たちに対しては「庭が寂しいからから木を盗んでこい」と無茶苦茶な命令をし、飲食店でサインを求められれば「我慢して食え」と書いてしまう談志師匠の奔放さに、山田君は自分にはない魅力を感じたのかもしれません。

「師弟とは価値観の共有である」とは、談志師匠の言葉です。私と山田君も価値観をだんだんと共有していき、少しずつ信頼関係が構築できたと感じてきたとき、親御さんから嬉しいお知らせが届きました。

「今日、息子が自転車で塾まで行きます。遅れるかもしれませんが、どうぞよろしくお願いいたします」

そして山田君は一人で自転車をこぎ、塾までやってきました。山田君と親御さんにとっては、本当に大きな一歩でした。

†驚くほど優秀で繊細な山田君

ゆっくりではありますが、山田君は進歩を続けます。次の一歩は、お昼の外食でした。食に強い関心を持つ山田君に対し、評判の蕎麦屋があるから一緒に食べに行こうと誘ってみたわけです。

蕎麦屋にやってきた山田君は、こんなにも美味しそうに食事をする人が、果たしてどれほどいるのだろうと思うくらい、必死に蕎麦をほおばります。長らく外食もしていなかったでしょうから、私たちが感じる蕎麦の味とは一味も二味も違ったのだと思います。

たかが蕎麦かもしれません。しかし、蕎麦を食べ終わった後の山田君は、明らかに興奮していました。外の世界には、こんなにも素晴らしいものがあったのかと、顔に書いてあるように思われました。以後、ゲームやお笑い動画以外にも、どこで何を食べるかを決める外食会議がコミュニケーションツールとして加わりました。私自身、食べ歩き飲み歩きが趣味でしたので、山田君よりも嬉々として会議に参加していたと思います。

外食の難易度は、徐々に上がっていきます。山田君が二〇歳になった頃には、ラーメン屋のカウンター席に座れるようになりましたし、山田君と同年代の大学生が訪れるであろう居酒屋にも行きました。しかも、近くに大学生がいても、山田君が気にしている様子はありません。

居酒屋を訪れたその日、私は山田君と一緒に乾杯をしました。山田君は酒が苦手だったのでノンアルコールビールとコーラでしたが、山田君とこうして酒を酌み交わす日が来るとは夢にも思っていませんでしたので、なんとも感慨深いものがありました。

居酒屋の店内ではアニメ『名探偵コナン』が流れており、私はコナンの推理にイチャモンをつけながら酒を飲み、山田君は私のくだらない話に笑いながら、どんどん食べ物を胃袋に流し込んでいきます。話のタネが名探偵コナンであることを除けば、山田君はそこらの大学生と何ら変わりないのではとも思えました。

山田君の進歩に気をよくした私は、もうワンステップと思い、屋台風の小さな居酒屋に入店しました。もっと人が密集している場所にチャレンジしようと考えたわけです。が、これが大失敗でした。

「潤さんじゃないですか！」。店内に入ると、知り合いの若い男性が声をかけてきました。彼は決して悪い人間ではないのですが、髪の毛は金髪で、服装はヤンチャそのものです。山田君からすれば、いじめっ子を想起してもおかしくありません。

案の定、山田君の表情は強張っていきました。これは、店内をきちんと確認しなかった、私の明らかなミスでした。

翌日、山田君の親御さんから連絡がありました。

「昨日は本当にありがとうございました。息子は、先生がせっかく連れてきてくれたのに上手く話すことができず、先生に気を使わせてしまい申し訳なかったと言っていました」

なんと繊細で、頭のよい子だろうと思いました。たしかに、私はマズイと思い、必要以上に山田君を心配し、あれこれと気を使ってしまいました。それまで「山田君が楽しむためには、私自身が楽しむべきだという原理原則」を貫徹していたのに、それがまったくできていなかったのです。金髪の彼と、陽気に馬鹿話でもしていればよかったのです。そして、そんな私の胸の内を瞬時に見抜いてしまう山田君は、あらためて優秀な、というよりも、優秀すぎて繊細すぎる生徒だとも思いました。

不幸中の幸いが、この事件以降も、山田君は楽しそうに外食に来てくれたことでしょうか。それどころか、山田君は親御さんにも、美味しい店があるから一緒に行こうと誘えるようにまでなりました。

一人では外に一歩も出られなかった山田君は、もうどこにもいません。そしてそれは、卒塾が近いことも意味していました。

†「物江さんの人生にとって重荷になる」

ある日、定期的に連絡を取り合っていた専門家の方から、意外な忠告を受けます。

「このままでは、物江さんの人生にとって重荷になる」

信頼関係の構築を喜ばしいと考える一方、危惧も覚えているようでした。たしかに、親密になりすぎれば、それは家族同然の身内に近づくことに他なりません。

そういえば、山田君を自宅に招き、焼き肉をしたこともありました。豪快な食べっぷりを見せる山田君を見て、これは食べさせ甲斐があると思いどんどん食べさせたわけですが、このエピソードなどは、そっくりそのまま親戚のおじさんと山田君との微笑ましいワンシーンにしか見えません。これでは、家族だけとコミュニケーションが取れていた時代と、ほとんど同じになってしまいます。

私自身が楽しむという原理原則を貫いていたので、重荷に感じたことは一切ありませんでした。飲みに行く口実ができるので、むしろ喜び勇んで出かけていたほどです。しかし、私と山田君には、たしかに適切な距離感が必要だとは感じていました。私ではなく、同年代の友達が必要だとも常々思っていました。

親御さんとも相談を重ねた結果、山田君はとある全寮制のフリースクールに入学することとなりました。当塾からの卒塾が決まったのです。

その後も、山田君は順調に歩みを進めていきます。

夏休みや冬休みに帰ってきた際には外食に誘い、また色々と話を聞きました。フリースクールに通う人たちと一緒に日夜ネットゲームを楽しんでいるとか、みんなと一緒に農作業をしているとか、色々な話をしてくれましたし、車の免許を取ることにも成功しました。

当塾を卒塾してから約一年半が経過し、すべては順調に思えました。

しかし、新型コロナが状況を一変させます。全寮制のフリースクールが休校状態となり、山田君は長期にわたる自宅待機を強いられたのです。

そして、地道な一歩一歩は一気に崩れ去りました。事実上の引きこもり生活に戻ってしまった結果、また山田君は家族以外とはコミュニケーションが取れない状態になってしまったのです。

山田君と連絡を取ってみると、翌々日になって返信が来ました。

「気をかけていただいてありがとうございます。でも今は人前に出る自信がないんです」

以後、山田君とは連絡が取れなくなりました。

この文章を、山田君が読んでくれているかどうかは、ちょっと分かりません。でも、新型コロナが収まった頃、行きつけの安くてうまい焼き肉屋にでも行って、フリースクールで出会ったユニークな人たちの面白い話を肴に一杯飲みたいと思っているので、もし気が向いたら連絡してくれれば嬉しいです。

†多面的に評価されなかった「多面的な評価」

少し話の整理をします。

今回の改革では、教育再生実行会議で脱知識偏重と多面的な評価の実施という原理が定まりました。以降、この原理を踏まえたうえで、各部会・会議等で具体的な話について議論される予定でした。が、理念レベルの空理空論を重ねてしまったのでした。

一方、理念レベルの話が多すぎたのが問題だったのかと聞かれれば、それはそれで少し違います。正確には、思想において最も重視されるべき原理について、しかるべき場所で十分な時間をかけて議論されなかった点が最も問題なのです。しかるべき場所とは、今回の場合は議論の最も上流に位置する教育再生実行会議が該当します。同会議にて、「高大接続・大学入試の在り方に関する討議」が実施されたのは第九回から第一三回の五回だけであり、しかも多面的な評価が決定的に欠けていたのです。

そう、今回の改革では多面的な評価の重要性が積極的に打ち出されておきながら、「多面的な評価」そのものを多面的に評価することを怠っていたのです。多面的に評価さえすれば、山田君のような存在が明らかになり、多面的な評価だけでは諸々の問題が噴出することが事前に分かったはずです。

しかし、同会議の議事録を何度読み返してみても、多面的な評価を多面的に評価したとは到底思えません。文科省は上意下達のマインドが染みついていることもあり、最上流に位置する同会議の提言は重視されるでしょうし、実際にそうでした。だからこそ、この段階で原理の調整をしておくべきだったはずです。

しかも、何度強調しても足りないくらいですが、これは思想において最も大切な原理を決める議論です。今後の議論においては、この原理に貫かれた体系ができていくわけですから、最も時間をかけ、そして各分野の専門家や現場に精通した委員を結集したうえで、多面的な検討が必要だったはずなのです。

ところが、その最も大事な教育再生実行会議では、入試の現状を把握していない委員が特に目立ちました。その象徴が、本書冒頭で紹介した、国立大生の六割が一文字も書かずに合格しているという頓珍漢な認識をしている委員でした。同委員は議論をリードする存在でしたので、提言にも大きな影響を与えました。

山田君のような、ある原理から弾かれてしまう存在に配慮をするのは、何も統治される側だけでなく、改革を推進したい統治する側にとっても重要です。

第一章で紹介した岩手大学の入試では、岡部勉氏の著書『合理的とはどういうことか――愚かさと弱さの哲学』（講談社選書メチエ、二〇〇七年）が出題されました。同書には、私たちが受け入れ可能で、納得できるものでなければならないという特徴が合理性にはあるといった旨が書かれています。つまり、どれほど緻密で論理的であったとしても、人々に受け入れられないおそれがある以上、それが合理的であると見なされるとはまったく限らないということになります。

ここで思い出されるのが、荒唐無稽なゆとり教育批判です。先述したように、ゆとり教育にはマズイ点が多々ありました。しかし、ゆとり教育が方向転換を迫られた主因は、その難点に批判が集中したことではなく、支離滅裂な学力低下論の噴出にありました。人々が「間違った怒り方」をした点にあったわけです。だから、仮にゆとり教育がまったくもって現実的かつ論理的なものであったとしても、その顚末は同じだったことでしょう。実質的に合理的であるかどうかではなく、そう見なされるか否かは重要なのです。

つまり、「狂った入試改革」ではもちろん失敗ですが、「狂って見える入試改革」でも上手くいかないわけです。入試改革は怒りの歴史ですから、仮に妥当な入試改革だったとしても、ちょっとしたキッカケで「狂って見える入試改革」に様変わりしてしまいます。

熾烈ないじめ問題が生じるたび、国民的な関心が寄せられます。間違った怒り方をして犯人を特定しようとした挙句、加害者を誤認して誹謗中傷を浴びせるという二次被害まで生じています。

いじめ被害者である山田君のような存在を排除しかねない多面的な評価に対し、国民が同じような間違った怒り方をしないと、どうして言えるのでしょうか。そうなったら最後、原理の調整などでは収拾がつかず、ゆとり教育と同様に方向転換を余儀なくされたはずです。今回の改革は事実上頓挫していますが、今後も多面的な評価を重視する方針を堅持するならば、今度こそ多面的な評価を多面的に評価すべきだと思います。

原理を貫徹すれば、それに弾かれた人たちが出現します。彼らが怒りの声を上げれば、しばしば教育政策は狂っていると見なされ、貫徹されたはずの原理はズタボロになります。これは、誰しもが教育を受けたり施したりしてきたが故に、皆が一定の知識と経験を有しているからこそ起きやすい現象です。まったく知識も経験もないテーマ、たとえば、数学者の望月新一氏による「ABC予想」の証明に専門家から異論があったとして、いったいどれほどの人間が「狂っている」と思えるでしょうか。まず間違いなく、限りなくゼロパーセントに近い割合でしょう。私自身、同氏の証明はまったく分かりません。知識や経験なくして、人は何かが狂っているようには見えないのです。

多面的な評価を多面的に評価すれば、まだまだ山のように検討すべきことが見えてきます。ちゃぶ台をひっくり返すのであれば、そもそも知識偏重の入試で何が悪いのかと居直ることだってできます。

†知識偏重は悪いことなのだろうか

個人的には賛同しかねますが、この論はそれ相応の説得力があります。

そもそもですが、仮に知識偏重だからといって、思考力の類が身につかないとはまったく限りません。それどころか、日本人の思考力が優れていることを示唆する調査結果が幾つかあります。

たとえば、平成二三年八月から平成二四年二月に調査を実施したOECDの国際成人力調査によれば、一六歳から六五歳の成人の数的思考力およびITを活用した問題解決能力の平均点は共に一位です。諸外国の場合、低所得層の多い移民が調査に加わっているという留意事項はあるものの、決して卑下《ひげ》する結果ではないでしょう。

また、思考力だけでなく、一部では今なお学力低下論が見られますが、文部科学省・国立教育政策研究所による『OECD 生徒の学習到達度調査2018年調査（PISA20

18）のポイント』等の資料を読めば、むしろ日本の学力は高位で安定していることが分かります。一時的な上げ下げはあるものの、各国のそれと比べれば穏やかです。

日本の教育が優れているとする論は、海外からも発せられています。たとえば、『The Learning Gap』という書籍には、日本・中国とアメリカの教育のあり様を比較し、アメリカにはない教育の強みについて指摘しています。

同書では、日本の学校現場でたびたび唱えられる「やればできる」というフレーズが紹介されています。アメリカとは違い、努力をすれば学力が向上すると広く信じられているため、日本の子供たちは勉強に励むのだという主張です。親御さんによる知育教育をも活発化させるでしょうから、たしかに「やればできる」というマインドの貢献は計り知れません。

それでは、どうして「やればできる」の精神が日本には存在するのでしょうか。その一つの解答は、入試が知識偏重だと「見なされている」点に求められます。実際にどうかはさておき、知識を詰め込む努力さえすれば合格できると考えられていることが重要なのです。

一方、多面的な評価が全面的に実施されたとしたら、状況は大きく変わってきます。東京都立大のゼミナール入試は、多面的な評価による選抜の理想形でしょうが、仮に同大学の入試が主流になったとしたら、大学入試は「やればできる」とは見なされなくなるでしょう。後述する文化的資本が大いに関わってくるためです。結果、精度の高い優れた選抜方法が広がれば広がるほど、かえって学力が低下するのだという推論が成立してしまいます。

また、多面的な評価をされると困るのは、山田君のような存在だけではありません。たとえば、私の友人の岡田君などは、ペーパーテストの一発試験ではないと相当厳しかったと思います。

岡田君は、日本で一番とも言われるほど厳しい練習で知られるサッカー部に所属していました。高校生活のすべてがサッカーに費やされますので、彼は高校三年間でほぼまったく勉強をしていません。山田君の場合、多面的な評価に用いられる調査書は白紙ですが、岡田君の場合はサッカーのことしか書くことがないのです。

ここまでなら、まあよくある話です。岡田君がすごかったのは、ABCDの歌を歌わないと英和辞書さえ引けないという壊滅的な状況から、なんと最難関私大を本気で狙った点にあります。私が「ビリギャル」（坪田信貴『学年ビリのギャルが1年で偏差値を40上げて慶応大学に現役合格した話』KADOKAWA、二〇一三年）を読んでもまったく驚かなかったのは、到底進学校とは言えない学校から、しかも中学一年生レベルの英語力で最難関私大に立ち向かった岡田君を知っていたからに他なりません。

岡田君の戦略は、極めてシンプルでした。隅から隅まで暗記すれば絶対に高得点を取れる世界史を極め、他の教科は最低限の点数を取って逃げ切るというものです。まったくもって褒められた戦法ではありませんが、日本で一番厳しい練習に耐え抜いた岡田君の根性を考えると、確かに一理ある方法かもしれません。多い日は一日一六時間の勉強という、信じがたい努力を続け迎えた三浪目の春、岡田君は第一志望の最難関私大に合格を果たします。

岡田君の例が示唆するのは、日本の大学入試が、実に再チャレンジしやすい入試になっているということです。高校三年間のすべてを評価する仕組みになっていませんので、本人が一念発起さえすれば、広く門戸が開かれているわけです。

日本の入試でも受験生の三年間が記載された調査書が使われますが、一般入試における調査書の点数化を明言しているのは一部の大学に過ぎず、しかも配点が低いため影響はかなり限定的です。また、そもそも高校は進学実績を求めるため、岡田君の調査書が捏造される可能性は十分にあります。

ただし、推薦入試・AO入試の比率が年々高くなっているうえに、受験資格として一定の平均評定を要求される場合がほとんどなので、これらの入試を視野に入れるならば、高校三年間の定期テストが重要になってくることも書き添えておきます。

他方、東大生の約六割が世帯年収九五〇万円以上であったとする調査があるように、生まれ育った家庭の経済力が学力を左右するため、誰でもチャレンジできる仕組みではないだろうという指摘もあると思います。

その指摘は、基本的に正しいと思います。しかし、ペーパーテストだからこの程度で済んでいるとも言えるのです。多面的な評価を貫徹したら、さらに生まれ育った家庭が合否を左右することになるでしょう。多面的な評価には、公正性がより損なわれてしまうというリスクがあります。

†公正性とは何か

この公正性と関連して議論すべき問題が「身体化された文化資本」と入試との関係です。これは、他の文化資本と比較すれば分かりやすいと思います。

「制度化された文化資本」は、学歴や資格といった「制度」によって証明された文化資本のことです。

「客体化された文化資本」は、書籍や絵画や骨董品等が該当します。これらの「客体化」されたものを楽しむには文化資本が必要です。

「身体化された文化資本」は、長い時間をかけて形成される行動習慣や感性のことです。「振る舞い」「言葉遣い」「センス」「主体性」等々、挙げればきりがありません。そして当然のごとく、多面的な評価を重視する入試に大きな影響を与えます。

身体化された文化資本は、生まれ育った家庭環境に左右されます。文化資本を蓄えた両親による日々の教育が、子供に文化資本を提供するわけです。そのうえ、一朝一夕に身に着けられるものではないので、家庭環境の差が多面的な評価に直結します。

文化資本を有する家庭は、一般的に金銭的な余裕があるでしょうから、子供をAO専門塾に通塾させることも可能です。特に多面的に評価がなされるAO入試は、恵まれた家庭環境に育った生徒がとりわけ有利になるわけです。

東京都立大学が実施するような緻密な入試は、膨大なマンパワーが要求されるというデメリットはあるものの、能力評価の精度という観点からすれば理想的だと思います。AO

入試の類は簡単だとか、学力のない人間が利用する抜け道だといった声もありますが、ここまできちんと実施すれば批判もないでしょう。追跡調査によって、入学後の成績の高さも実証されています。

しかし、同大学のように徹底して多面的な評価を実施すればするほど、身体化された文化資本がカギを握る試験となってしまい公正性が失われます。素晴らしい選抜方法になればなるほど、公正性が損なわれるリスクが高まるのです。

一方、典型的な平易な難問ばかりで構成された入試の場合、所定のトレーニングで高得点が望めるため、良問からかけ離れた試験になる可能性が高くなります。しかし、地道に努力を重ねれば点数が取れる試験なので、公正性の面では優れているのです。こうなると、「能力評価の精度」と「公正性」は負の相関関係にあるという、実に困った推測ができてしまいます。

そんな困った公正性には、そもそも定義が難しいという難点もあります。「何が正当なのか」といった価値観の話であるため、客観的な判断が大変に難しいわけです。仮に公正性が著しく損なわれていたとしても、どの程度の補正をすべきなのかは、各々の価値観によって三者三様の答えが存在します。

更に付け加えれば、何が公正かは各人の経験によっても変わってきます。各々が教育に関する経験を豊富に有しているため、もし教育を語るのであれば、自身の経験という名のフィルターを通さざるを得ません。

私自身、この公正性の問題については複雑な思いがあります。学校や受験産業に頼れない環境にいましたので、私は独学で受験に挑みました。試行錯誤を繰り返しながら、自分の頭で考えながら都会の生徒たちに挑戦するという試みは、結果として学力以外の様々な能力伸長を促したと思います。そういった意味で、外部から見れば恵まれない環境であっても、必ずしもそうではないから自力で頑張ってほしいという思いがあります。公正性の補正については、抑制的であってよいという感覚です。

その一方、もし近所に信頼できる受験産業や高校があったら、そこに通ってみたかったなとも思います。随分と非効率的な勉強をしてしまったことは確かなのです。高校時代、優秀な同級生たちと切磋《せっさ》琢磨《たくま》しつつ、名門校で見られるような自由闊達《じゆうかったつ》な授業を楽しみたかったとも感じます。当塾の名門校に通う生徒から、知的刺激を受ける学校生活の様子が伝わってくることも、そう感じさせる原因なのでしょう。矛盾するようですが、何らかの形で公正性の補正をしてほしいとも思ってしまうわけです。

日本における公正性に関する議論は、大変な偏りがあります。共通テストにおける記述試験の採点方法が問題視されたように、すべての受験生を等しく取り扱うべきだとする考えは大変に強い一方、平等に取り扱うと経済・地域格差を助長しうるといった観点は抜け落ちてしまうのです。平等に扱うことを是とするあまり、見かけの平等を徹底するとかえって公正性が損なわれるケースに無頓着だとも言えます。

私自身、公正性はどうあるべきか、きちんと解を出せていませんし、そもそも明快な解はないのかもしれません。しかし、多面的な公正性の議論を通じ、解を出そうとする試みはすべきではないでしょうか。これもまた、本来であれば議論の最上流でなされるべきものです。

†障害を持つ生徒と大学入試

個別指導塾には、色々な事情を抱えた生徒がやってきます。当塾の場合、学校の先生が保護者に紹介をされているようで、障害を抱えた生徒が定期的に入塾します。

昨今、発達障害という言葉が注目を集めています。発達障害とは、一般的に脳機能の「発達」に偏りがあるため生じる「障害」を指します。得意なことと苦手なことの差が非常に大きいという特徴があり、それ故に日常生活に困難が生じやすいと言われています。また、発達の偏りは人それぞれですので、同じ発達障害でも症状は多岐にわたります。

発達障害を抱える方々のなかには、コミュニケーションが著しく苦手な方もいます。当塾に通っていた大山君も、コミュニケーションに対して強い苦手意識を持っていました。大山君は医師による診断を把握しており、一般入試だけを目指して受験勉強をしていました。大山君の立場からすれば、先天的な障害により、最初から一般入試に絞らざるを得なかったことになります。

ここでも、公正性に関する問題が姿を現します。多面的な評価が推進されればされるほど、大山君のような生徒は、第一志望合格のチャンスが狭まってしまうからです。

ただ、大山君は、自分で自分の可能性を狭めているようにも思えました。たしかに強いこだわりを見せる生徒だったものの、私とは楽しく会話できていましたので、ありきたりな面接程度であれば十分に対応できたはずです。が、指定校推薦の面接は形だけのもので、校内選考さえパスすればほぼ確実に合格するよと教えても、大山君は頑なに首を縦に振りませんでした。

「推薦入試は無理だから、一般入試を目指そう」。これは、学校の先生が大山君に投げかけた一言です。おそらく、発達障害に対するステレオタイプな認識を持っていたのでしょう。こうした障害への無理解が、大山君に必要以上の苦手意識を植え付けたのかもしれません。

発達障害を抱えるお子さんを持つ親御さんと話をしていると、障害に対する学校・先生の理解は千差万別だとつくづく感じます。なかには、無理解に基づく執拗《しつよう》な指導により強いストレスを抱えてしまい転校を余儀なくされた生徒もいました。無理に無理を重ねて通学をし、心を壊してしまうケースがよくあるからと、医師から強く転校を薦められた末の決断でした。

昨今、発達障害に強い関心が集まっています。もし、多面的な評価を推進していくならば、障害を抱えた生徒と入試の公正なあり様について、十分な議論がなされるべきではないでしょうか。著しい能力の偏りがもたらす特異な才能の持ち主を発掘するという観点からも、この議論に多くの時間をかける価値があると思います。

†境界知能や知的障害を抱えた生徒たち

多面的な評価を多面的に評価していけば、まだまだ検討事項があります。最後に、この件についてあまり指摘がなされないであろう、境界知能や知的障害を抱えた高校生と入試についても考えてみます。

視点を変えてみれば、入試改革の議論は利害調整の場だと見なせます。産業界・政界・学術界等々の代表者が出席し、各々が各々の利益を主張し合い結論を紡いでいく様は、まるで利害調整のようです。

この議論という名の利害調整は、高度な知性を駆使して行われます。だから、知性に恵まれない彼らは、利害調整の場に立つことが極めて難しくなります。たまさか立つことができたとして、対戦相手は特に優れた知性を有した各界の代表者ばかりであり、てんで勝負になりません。数多ある能力のなかで、たまたま知性が劣っているというだけで、彼らは自身の利益を主張できず不利益を被ることになります。

公正性を担保するのであれば、彼らの代弁者が必要のはずです。そう考えたとき、入試改革の議論においても、境界知能や知的障害を抱えた高校生と入試のあるべき姿を探るべく、十分な時間をかける必要があると考えます。

現代では、大学は卓越した知性を持つ者だけが通学する教育機関ではなくなりました。全入状態が象徴するように、高等教育を授ける場は十分にありますし、大学に求められる社会的な役割も変わっていきました。安倍前総理が憲法改正を求める集会にて「高等教育もすべての国民に真に開かれたものとしなければならない」と発言し、世界人権宣言第二六条には「高等教育は、能力に応じ、すべての者に等しく開放されていなければならない」とあるように、思想信条や党派によらず、大学はすべての国民にとっての教育機関と見なされるようになりました。そうであるならば、知性に恵まれない人々に対しても、「能力に応じ、すべてのものに等しく開放」するのが筋でしょう。

ところが、日本の大学入試は知性を前提とした設計になっています。今回の改革でも、AO入試に何らかの学力検査が義務付けられたように、一定の知性を持つ者が入学すべきだという暗黙の前提が見て取れます。

大学が真に開かれた場であるならば、この当然かのように思われる前提には、慎重な検討が必要ではないでしょうか。もっと、知性以外の能力伸長を目的とする高等教育機関があってもよいはずです。

文科省は「学校卒業後における障害者の学びの推進に関する有識者会議」を、一六回にわたり実施しています。知的障害者にも開かれた大学はどうあるべきか、議論がなされています。同会議で蓄積された知見は、今後の入試改革の議論において引き継がれるべきです。と言うよりも、今回の改革は「高大接続」改革であり、高校には特別支援学校も当然入っていますので、特別支援学校と大学の接続について活発な議論がなされない方がおかしいのです。

†あまりに厳しい現実

前項にて、彼らの代弁者が必要だと簡単に書いてしまいました。他人の胸の内を代弁するなんて、相当おこがましい話です。しかし、それでも記述しておきたいことがあります。それは、境界知能や知的障害を抱えた生徒たちの生き辛さについてです。

かつて当塾に在籍していた田中君も、そんな生徒の一人でした。

田中君のような生徒の場合、障害の状況に応じた選択を迫られます。中学進学にあたり、通常学級と特別支援学級のどちらに進むべきか、親御さんは大変に迷われたそうです。田中君の症状が比較的軽かったこともあり、相談や勉強を重ねれば重ねるほど、何が正解なのか分からなくなったと話されていました。

そんな難しい選択が、中学三年生になると再びやってきます。高校受験のシーズンがやってきたのです。ただ、今回の場合、親御さんはそれほど悩まずに決断されました。通常学級に在籍した田中君は、友人ができず孤立してしまったからです。

無事、田中君は障害に対し理解のある学校に合格しました。本当に良かったですし、親御さんも大変に喜んでいました。

ただ、私は罪悪感のようなものも感じていました。勉強が極端に苦手な田中君は、通塾が相当に辛かったに違いないからです。

山田洋次監督の映画『学校Ⅱ』は、特別支援学校が舞台です。いじめられて転校してきた軽度知的障害を抱える高志君は、実習先の工場でトラブルを起こしてしまいます。その後、西田敏行扮する担任の先生が高志君を慰めていると、高志君は重度の障害を抱える佑矢君について話し始めます。

「俺、もっと馬鹿だった方がよかったな。だって分かるんだ自分でも。馬鹿だから、なかなか仕事が覚えられなくて、計算も間違ってばかりいて。みんなが、俺のこと馬鹿にすんのが分かんだよ先生。佑矢の方がいいよ、自分が、馬鹿だって分からないんだから」

その後、高志君はうずくまりながら自分の頭を自分で叩き始めます。こうした自傷行為は、主にストレスや不安によって生じるとされています。授業中、田中君は時々指を軽く噛む仕草を見せていましたが、それも自傷行為の一つだったのかもしれません。だから、私は田中君に罪悪感がありました。

合格後、田中君と同じ時間帯に来るはずだった二名の生徒が塾を休みました。田中君と私のマンツーマンです。私はその日、長い休憩時間を取って、田中君が大好きなスマホゲームで遊ぶことにしました。

田中君が指定したゲームをインストールした後、私はゲーム内で部屋を作りました。部屋には番号が付与されており、その番号を入力さえすれば誰でも入ることができ、一緒にゲームを楽しめます。番号を黒板に書き、私は田中君を部屋に誘いました。

「部屋って何ですか?」。田中君は、このゲームを長時間プレイしていました。しかし、どうもゲームの仕組みをきちんと理解していないようでした。

境界知能や知的障害を有するため、ゲームを楽しめないということでは決してありません。ここで私が主張したいのは、当たり前に思えることでも彼らにとってはそうではなく、それ故に諸々のトラブルが生じるのだということです。

スマホゲームに限らず、遊びには一定のルールがあります。そのルールを必ずしも理解できないということは、それだけ同級生と遊ぶ機会が損なわれるということであり、必然的に友達を作る機会が減ることを意味します。ルールの勘違いにより騒動を起こし、同級生から反感を買うこともあるでしょう。これは友達作りだけでなく、ありとあらゆる社会生活についても言えることであり、特別支援学校と社会の接続には、幾多もの困難があることをも意味しています。

両者を円滑に接続するための中継地として、どういった大学が求められるのか。そして、知的障害者の可能性を開発する大学はいかにあるべきか。利害調整の場にて、自己の利益を十分に主張できない彼らに代わり、こうした問題について議論を重ねていく義務があるのではないでしょうか。

†それぞれの山田君

もし議論のテーマが、山田君や田中君のような存在に対する救援策だったとしたら、そして私がその議論に参加していたとしたら、私も非現実的な論を展開していたかもしれません。

課題はたくさんあるし、必ずしも国民からの共感を得られないかもしれない。実際、反論困難な批判も見られる。しかし、懸命に活動さえすれば理解を得られるはず。いや、山田君のためにも理解を得なくてはならない。そんなふうに考え行動したとしても、なんら不思議はありません。

今回も、ある原体験を胸に改革を推進されている方がいました。はたから見れば単なるエピソードにすぎませんが、その委員にとっては、私にとっての山田君と同じ重さを持っていたのだと思います。

教育の議論に参加する人は皆、自らを教育問題に向かわせた原体験があるはず。わざわざ多くの時間を割いてまで金にもならない教育問題を論ずるには、かなりのエネルギーが必要です。その意味で、強烈な原体験は、教育の議論をするための必要条件だとさえ言えます。教育問題に相対する私たちの胸には「それぞれの山田君」がいるわけです。

ところが、そんな原体験があるがために、議論があらぬ方向に進むリスクが生じます。大きな困難があったとしても、原体験から生じる使命感や強い問題意識によって、乗り越えられる、または乗り越えなくてはならない存在に見えてしまうわけです。そして、そんな議論のあり様を外部から見れば、残念ながら非現実的で狂った入試改革に見えてしまうのでしょう。

第二章では筑波大学の倫理の問題を紹介しました。一問目に対する書籍の解説には、対話的理性の概要を説明すれば答案を書きやすいといった旨が書かれています。

対話的理性とは、コミュニケーションや合意を可能にする理性のことです。いくら強烈な原体験があり、そこからどれほど重要と思しき事実や課題が導かれようとも、それは対話的理性を介したものではありません。他者から見れば、机上の空論に見えることや、理解を得られない・受け入れられないために、合理的だと見なされないこともしばしばあるでしょう。いや、正確に表現すればありました。私自身、大いに見覚えがあるのです。

強烈な原体験は必要です。が、使い方を間違えると、本書冒頭で示した「間違った怒り」にもなるし、「狂った入試改革」にもなってしまいます。

自らの原体験から導かれる大切なものであればこそ、人は盲目になります。そんな原体験を持ちやすい教育問題であればなおさらです。だから、私たちは常に対話的理性を念頭に置きながら、教育問題を論ずる必要があるのではないでしょうか。

終章　どうして入試改革は狂って見えるのか

†共有されない価値観や信念

大きな物語という言葉があります。第一章にて高校一年・二年生やその保護者の方々に推奨した『社会学史』によれば、「この場合の「大きな」というのは、内容が気宇壮大《きうそうだい》という意味ではなく、社会的な意味で大きいということです。つまり、大きな物語は、社会の大多数の人に自明のものとして共有されている価値観や信念体系のことです。それらは、来るべき理想へと向かう物語の形式をとっているのです。」としたうえで、大きな物語の喪失はポストモダンの社会の特徴だとしています。

大きな物語の消失に関する話は、もはや語り尽くされた感があると思います。しかし、入試改革の場合は事情が違います。消失したのではなく、その幻が残存しているのです。

大きな物語は、啓蒙主義的なスタイルを取ります。人間の理性によって構想された「理想へと向かう物語」は、実現可能だと考えます。もちろん、その理想は、皆が共通の価値観を胸に目指せるものとなります。

しかし、あまりに社会は複雑になったとか、人間の知性・理性には限界があるとか、価値観が多様化したとかいった考えが、もはや常識の域に達した現在においては、そんな大きな物語を無邪気に信じるのは難しい。他の分野と同じように、教育問題も複雑になってきており、理想へと向かう大きな物語なんて現実的ではありません。

それではなぜ、時代遅れの大きな物語が出現してしまうのか。本書を振り返りながらまとめてみます。

脱知識偏重は是という価値観を胸に、日本の教育はダメだという前提から議論がはじまります。既存の教育を否定したうえではじまる議論は、入試改革だけではなく多くの教育問題にて頻繁に見られるものであり、定番のフレームワークと化しています。

さて、議論に参加する前に、各々の委員が入試改革の歴史や入試の現状についてきちんと勉強をすれば、これから始めようとしている改革の議論は過去の反復であり、しかも失敗の歴史と評されていることが、それほど労せずに知れるはず。また、第一章や第二章で記したように、入試の現場には解決困難な課題が山積しており、そう簡単に理想や夢は語れないことも分かるはず。だから、あちこちから希望や夢が漂流しようとも肥大化を抑制でき、理想へと向かう物語はたちまち消えてしまうはずです。

しかし、何度も繰り返すように、教育問題はとかく語りやすい。だから、事前に勉強をすることなく参加できてしまい、先述のような現実が見過ごされてしまいます。また、議論が進むにつれ現実が見えてきたとしても、各委員の胸には強烈な原体験である「それぞれの山田君」がいるため、課題は是が非でも乗り越えるべきものと見なされがちです。結果、現実という名の歯止めが十分に機能せず、あちこちから漂流してきた希望が、原理と矛盾しない限りにおいてどんどん取り入れられます。第三章や第四章で記したように理想は先鋭化・肥大化していき、遂にはダメな現在から理想の未来までを導くストーリーが完成するわけです。

ただし、批判的だった外部の人々や委員たちの目からは、大きな物語ではなく夢物語に見えていました。大きな物語とはいっても、その組織内部において見られる蜃気楼《しんきろう》のようなものであり、一般的な意味での大きな物語とは様相を異にします。

第五章では、小さくて深刻な物語の一端を記しました。知識偏重になりがちな大学入試は、確かに問題です。しかし、不登校・いじめ・文化資本の格差・発達障害や境界知能等々、決して大多数の人々が抱えるものではないのですが、当事者からすれば深刻な問題があちこちに点在しています。しかも、そんな問題群の存在を、今や人々は明確に認識しています。脱知識偏重の方針には首肯しつつも、多くのデメリットに目をつぶってまで実施する重要なものには思えなくなるわけです。

†時間軸の狂い

今や問題はあちこちにあり、知識偏重の入試は多くの問題の一つに過ぎません。

脱知識偏重を是とする「価値観や信念体系」の達成が、社会にとっての「究極の目標」でないならば、それはもう大きな物語ではありません。組織内部でつくられた目標が国民間でも共有できる、または客観的な真実だと誤認したところに、致命的な失敗があったと言えます。まるで、議論が繰り返された空間だけ時間が逆戻りし、現代社会には存在しない「究極の目標」が立ち現れていたかのようでもあります。

そう、何となく感じていた「狂っている」という感触は、時間軸の狂いだったのです。個別指導塾というポストモダン的な場所に身を置く私の前には、数々の小さくて深刻な物語がやってきます。未来のため難関大合格を目指すという従来型の物語も見られる一方、一斉教育では対処しきれない個別的で深刻な問題が次々とやってくるのです。

そんな問題と向き合えば向き合うほど、大きな物語が指し示す筋道への違和感が増大していきます。とっくに失効したはずの大きな物語という「過去」と、そんな物語は見られない個別指導塾という「ちょっとした未来」との間に時間軸の狂いが生じているのです。

どうして、ここまで記述試験にこだわるのだろう。そんな疑問を、多くの人が持ちました。高校生もそうでした。記述試験の欠点について強く批判した委員もいました。

この疑問もまた、時間軸の狂いによって説明ができます。つまり、記述試験導入は、大きな物語にとってのカギと見なされたため、是が非でも達成したかったと考えればよいわけです。この大きな物語が達成されれば、脱知識偏重の素晴らしい大学入試となり、有意な人材が輩出されることで日本社会は発展すると夢見たのです。

大きな物語にとって、脱知識偏重を是とする「価値観や信念体系」の達成は「究極の目標」です。そんな目標のためには、私たちの目からみれば致命的に見える欠陥も、それほど大したものには思えません。だから、狂って見える入試改革が断行されようとしたのでしょう。

時間軸の狂いは、入試改革の歴史を探るほど強く感じるようになります。

> 国公立大学の入学志願者に対し、各大学が実施する試験に先立ち、全国同一期日に同一問題で行われる試験であり、これによって、高等学校の段階における一般的かつ基礎的な学習の達成程度を問う良質な問題を確保しつつ、各大学がそれぞれの大学、

学部等の特性に応じて行う第二次試験との適切な組合せによって、受験生の能力・適性を多面的・総合的に評価しようとするものであって、一回の学力試験に偏った従来の方法を改め、きめ細かで、丁寧な入試の実現を目指したものであった。

（文部省『学制百二十年史』ぎょうせい、一九九二年）

これは、共通一次試験に関する文章です。まるで、今回の改革を評したかのような書きぶりではないでしょうか。多面的な評価によって脱知識偏重を目指すという方針は、幾度となく目的になっているのです。

さて、何度も目的になったということは、その目的が未達であり続けたということです。普通、これだけ上手くいかなければ断念したり、軌道修正したりしそうなものです。

ところが、どうにもそうはいきません。膨大な知識の習得を強いられる学校教育を経験することで、知識偏重を問題視する新たな人材が生まれ続けるからです。しかも、PISAによるデータが示すように、そんな教育に嫌悪感を覚える人々が多い。いつの時代でも既存の知識では解決しえない問題が存在することも、脱知識偏重の方針に賛同が集まる一因です。今後もまた同じような入試改革が構想されるでしょう。

過去の入試改革に関する文献を漁れば漁るほど、奇妙な感覚は強まっていきます。驚くほど同じような目的がたびたび現れ、そして今回のように失敗しているのです。入試改革の世界だけ、時間が閉ざされた空間で循環しており、決して前には進みません。

一方、現実の時間はどんどん進んでいきます。進めば進むほど両者の距離が広がり、より狂って見えるようになるでしょう。今回の改革が、これまでの多くの改革とは異なり、実施の前の段階で頓挫したこともまた、より狂って見えてきている証左かもしれません。

†仕事は上手くいき、賞味期限は切れた

上意下達、言い換えれば啓蒙主義的なスタイルは、上手くいけばいくほど機能不全に陥る運命にあります。機能すればするほど国民は賢くなり、上と下の知性・理性の格差がなくなっていくからです。必然的に、現場に身を置く各々が、各々の知性・理性を駆使した方が合理的になるケースも増えていくでしょう。また、それぞれの現場の問題をより正確に把握しているでしょうから、上のやり方がだんだんと非合理的に見えてくるはずです。

このように考えてみると、入試改革が狂って見える一因は、文科省自身が作り出したのだとも見なせます。文科省による上意下達的な仕事が上手くいき、曲がりなりにも学校教

育を近代化することに成功したからこそ、国民は賢くなったという考え方です。一人ひとりが知性と理性を蓄えたが故に、文科省の仕事の粗が見えるようになってしまったわけです。

現下、教育改革は常態化しており、もはや改革というよりも年中行事の感さえありますし、今回の改革がそうであったように、結局は現状からのマイナーチェンジに終わってしまうこともしばしばです。これでは、改革というよりも通常業務でしょう。

本当に改革をするべきは、入試制度や教育現場ではなく、既に賞味期限が切れてしまった、文科省の上意下達的な仕組みにあるはずです。そしてそれは、過去の文科省の仕事が大変に上手くいった証拠です。従来的な手法とは決別し、胸を張って発展的解消をすればよいと思います。

†それでも教育思想は必要だ

これまで、国家の教育政策が自ずと教育思想になってしまうため、入試改革は失敗する旨を述べてきました。本書全体が、教育思想・哲学に関するネガティブキャンペーンになってしまったかもしれません。

しかし、それでも教育思想は必要です。それどころか、より大切になったと考えます。ただし、教育思想の構築が必要なのは国家ではなく、各ご家庭です。社会通念が教育思想を提示できなくなった今、各家庭はより教育思想の形成に迫られています。

そもそも、教育思想を作るべきは国家ではなく各家庭です。近代国家は国民の内心に踏み入ることができませんので、内心に関する教育は、原理原則的に言えば各家庭の管轄です。第三章では、教育基本法に記載された教育の目的である人格の完成について、明確で客観的な定義を与えることは不可能だと先述しましたが、これは技術的に無理であるだけでなく、規範的（べき論）にも定義すべきではないわけです。人格の完成を明確に定義し教育の目標とすれば、それは国家による内心の自由への干渉になりかねません。

保護者の方々とお話をしていると、教育思想の重要性を痛感します。お子さんの将来について、保護者の方がどういった希望を持っているのかをお聞きすると「何か資格を取ってほしい」とか「進学先を選べるだけの学力があれば」といった話が大概なのです。「資格」「学力（≒偏差値）」といった客観的な指標ばかりが話題になる様子は、各家庭における教育思想の不在をうかがわせます。流石に極端な例ですが、「某大学以上のレベルに合格しなければ人間ではないと思っています」と、お子さんがいる前で堂々と話してしまう親御さんもおりました。

三度繰り返しますが、思想とは考えのまとまりのことです。原理とは、思想における前提や最も大切なものです。原理は、家庭教育における指針になりますが、それが不在だと「資格」「学力」といった客観的なものが指針の代替物になってしまいます。何が大切なのか親御さん自身が分からないため、客観的な指標の良し悪しに頼らざるを得ないのです。

教育思想を作るのは、とても簡単です。原理さえ決められれば、あとは自ずと考えが膨らんでいきます。

原理が分かりにくければ、家訓でもよいと思います。家訓には、家における最も大切なことが端的に記されていますが、これはほぼそっくりそのまま思想における原理です。この家訓さえあれば、後は思索を深めようとしなくとも、日々の生活のなかで自ずと考えは広がっていき、すべきことが決まっていくはずです。だから、原理さえ決定できれば、もう教育思想は完成したも同然です。

それでは、どうやって原理を決めればよいでしょうか。大学入試の出題範囲に即して考えると、まず思い浮かぶのがデンマークの哲学者キルケゴールです。キルケゴールは普遍的な知識や真理ではなく、このために生き、死にたいと願うような自分にとっての真理

（主体的真理）こそが大切だと考えました。

類似した考え方として、高校倫理の教科書には「生きがい」について記述があります。ハンセン病の治療に尽力した精神科医の神谷恵美子氏の著書『生きがいについて』（みすず書房）が紹介されており、自己の生存目標を自覚し使命感に生きる人が、最も生きがいを感じている人だといった旨が書かれています。キルケゴールと神谷氏に関する教科書の記述は、社会や世間で良しとされる生き方と、私にとってのそれは別物だというメッセージを読者に投げかけています。家訓と関連付けて考えれば、社会や世間のモノサシではなく、私たちの日々が充実するようなものを家訓にすべきだということでしょう。このように周囲にとらわれず「これが原理だ」と決めてしまう姿勢は決断主義とみなせます。

もう一人、大学入試の範囲からピックアップすれば、ドイツの哲学者ユルゲン・ハーバーマスが思い出されます。

ハーバーマスは、先ほど登場した決断主義を大変に警戒します。どれを原理と見なすかは文字通りシンプルな決断に過ぎず、そこに論理は存在しないため非合理的だと見なします。ナチスドイツに強い問題意識を持つハーバーマスからすれば、決断主義は非常に危険な存在に見えるわけです。極論にも思われますが、私たちはユダヤ人の排除こそが原理と考えました、と決断されたらどうするのだという考え方です。

そこで、ハーバーマスは議論を重視しました。今回の話に即してざっくり言えば、議論において全員が同意したことを原理と見なすわけです。こうすれば、ナチスドイツの荒唐無稽な考えは破棄されるでしょう。

全員が同意したとありますが、これは暴力や圧力を使って同意させたのではもちろんダメです。根拠を伴った主張による議論が必要ですし、同様に根拠を持った批判も受け入れる必要があります。その他、様々なルールや考え方をハーバーマスは提示していますが、本書では深追いしません。

たしかに、そう言われてみれば決断主義は危うく感じます。原理を決めたとして、それが他の人々からすれば迷惑な存在になる可能性はありそうです。

しかし、小難しく考える必要はまったくないと思います。よさそうだと感じた教育の原理について、それとなく周囲に聞けばよいだけの話です。そんなことを何人かの友人や同僚と繰り返せば、それは立派な議論だと思います。

決断主義もキルケゴールとハーバーマスの考えも、突き詰めて論理的に考えていけば、大変に難しい問題があちこちから姿を現します。キルケゴールとハーバーマスは高校倫理の教科書に登場することもあり、そんな問題が出題されることもあります。

一方、これらの考えをヒントとし実生活をよりよくするのは、そんなに難しいことではありません。第二章でも述べたように、高校倫理の教科書・参考書を理解し、自分なりの言葉で説明・納得できるようにさえなれば、それは入試のためだけの知識ではなく生きた知識になります。

個別試験における倫理は、作問側と攻略側の戦力の均衡が比較的取れている大変に珍しい科目であり、くだらない定石やテクニックでの攻略は困難です。それ故に、受験にしか役に立たない勉強にはなりにくいと言えます（ただし、近年では一橋大学や中央大学のように、倫理を試験科目から外す大学が見られます。個別試験の倫理は、もはや絶滅危惧種のような存在です）。そしてこのことは、作問側と攻略側の戦力を均衡に少しずつ近づけるだけでも、一定の効果が期待できることを示唆しています。あらためて主張しますが、あれこれと長い年月をかけて改革の議論をするよりも、戦力均衡を目指すといった、目に見えている課題解決を地道に続けた方が、よほど事態は改善に向かうのではないでしょうか。抜本的な改革ではなく、漸進的な改善を志向してもよいはずです。

†坂の上の雲

明治維新では、岩倉使節団のような、近代的なマインドを先取りしていたエリートたちが優れた知性で処方箋を作成し、それが上意下達的に実行されていきました。一刻も早く近代化しなければ、日本は滅びかねません。従って、多少のデメリットには目をつぶり、大目標である近代化を目指して進み続けることが合理的でした。

さて、今回の改革は「明治維新以来の大改革」とさえ喧伝《けんでん》されていたように、たしかにその装いは明治維新的でした。脱知識偏重・多面的な評価が、何物にも代えがたい目標かのように扱われ、数々の論理的な批判・指摘を退けつつ議論が進んでいきました。エリートが集う審議会等で最適な処方箋を作成し、それを現場におろすという形式も明治維新的です。

明治維新といえば、『坂の上の雲』（司馬遼太郎）を連想する方も多いでしょう。日本人は『坂の上の雲』が大好きです。大目標に向かい懸命に突き進む姿は美しいし、坂を登っている当事者にはしばしば充実感がみなぎります。

しかし、今の日本は既に坂を登った状態にあります。一日も早い近代化の実現のような大目標は存在しません。そして、存在しないことは喜ぶべきことです。仮にそんな坂があるならば、他のすべてに優先して解決すべき問題があることに他ならず、そんな社会は相当に危機的な状況だからです。

あまりに大きな坂があると、坂の上にある雲に夢中になるため、小さな坂に目くばりする余裕がなくなります。現下、大きな坂がなくなったおかげで、そんな無数の小さな坂に気づける社会になりました。

入試改革についても、まったく同じことが言えます。いくら空を見上げてみても、大きな坂なんてどこにも見当たりません。大きな坂を構想するのは、もう無理なのです。そして、そんな坂を作る必要もありません。

すでに、各々の現場という名の小さな坂では、それぞれが懸命に坂を登ろうと努力をしています。学校・家庭・受験産業のそれぞれで、よりよき教育をと思い、地道ではありますが一歩一歩と登っています。

上から見れば小さな坂かもしれませんが、各々にとっては大きな坂であり、見上げれば雲だってあります。小さいように見える坂も、現場から見ればとてつもなく大きく、そして登りがいがあるわけです。

目を凝らせば、各々の現場に大きな坂が見えてきます。そしてそのことに気づけさえすれば、また明治維新の時代のように、坂の上に雲を見ることだってできます。しかも、今回の場合は数多の坂があり、そのそれぞれに様々な形の雲が見て取れます。

本当は、あちこちに大きな坂があって雲もある。けれども、それに気づかずに虚構の大きな坂を夢見てしまう。そんな精神性こそが、いま私たちが最も克服すべきことではないでしょうか。

参考文献

青木栄一（編著）『文部科学省の解剖』東信堂、二〇一九年
石井英真、熊井将太、川地亜弥子、藤本和久、赤木和重、渡辺貴裕、亘理陽一、木村拓也、杉田浩崇、山下晃一『流行に踊る日本の教育』東洋館出版社、二〇二一年
伊藤実歩子『変動する大学入試――資格か選抜かヨーロッパと日本』大修館書店、二〇二〇年
稲田義智『絶対に解けない受験世界史2――悪問・難問・奇問・出題ミス集』パブリブ、二〇一七年
今井康雄編『教育思想史』有斐閣アルマ、二〇〇九年
岩井洋『大学論の誤解と幻想』弘文堂、二〇二〇年
大澤真幸『社会学史』講談社現代新書、二〇一九年
おおたとしまさ『名門校とは何か？――人生を変える学舎の条件』朝日新書、二〇一五年
大塚久雄『社会科学の方法――ヴェーバーとマルクス』岩波新書、一九六六年
岡部恒治、戸瀬信之、西村和雄『分数ができない大学生』東洋経済新報社、一九九九年
岡部勉『合理的とはどういうことか――愚かさと弱さの哲学』講談社選書メチエ、二〇〇七年
神永正博『学力低下は錯覚である』森北出版、二〇〇八年
小川正人『教育改革のゆくえ――国から地方へ』ちくま新書、二〇一〇年
海後宗臣、吉田昇、村井実編『教育学全集1　教育学の理論』小学館、一九六七年
沖田×華（漫画）、君影草（原作）『はざまのコドモ――息子は知的ボーダーで発達障害児』ぶんか社、二〇一五年
香西秀信『反論の技術――その意義と訓練方法』明治図書出版オピニオン叢書、一九九五年

刈谷剛彦『大衆教育社会のゆくえ――学歴主義と平等神話の戦後史』中公新書、一九九五年
倉元直樹（編）『大学入試センター試験から大学入学共通テストへ』金子書房、二〇二〇年
倉元直樹（編）『「大学入試学」の誕生』金子書房、二〇二〇年
黒柳徹子『窓ぎわのトットちゃん』講談社青い鳥文庫、一九九一年
小杉樹彦『AO入試の赤本〈2020年教育改革で変わる大学入試〉』エール出版社、二〇一七年
小針誠『アクティブラーニング――学校教育の理想と現実』講談社現代新書、二〇一八年
小松光、ジェルミー・ラプリー『日本の教育はダメじゃない――国際比較データで問い直す』ちくま新書、二〇二一年
小室直樹『偏差値が日本を滅ぼす――親と教師は何をすればいいか』光文社カッパビジネス新書、一九八四年
小室直樹「共通一次試験は必ず失敗する（上）」（『エコノミスト』第57巻4号）、「同（下）」（『同』57巻6号）、毎日新聞社、一九七九年
斎藤昭『教育的存在論の探究――教育哲学叙説』世界思想社、一九九九年
斎藤貴男『機会不平等』文春文庫、二〇〇四年
佐藤博志、岡本智周『「ゆとり」批判はどうつくられたのか――世代論を解きほぐす』太郎次郎社エディタス、二〇一四年
櫻田大造『大学入試 担当教員のぶっちゃけ話』中公新書ラクレ、二〇一三年
佐々木享『大学入試制度』大月書店科学全書、一九八四年
佐藤郁哉『大学改革の迷走』ちくま新書、二〇一九年
神保哲生、宮台真司、藤原和博、藤田英典、寺脇研、内藤朝雄、浪本勝年、鈴木寛『教育をめぐる虚構と真実』春秋社、二〇〇八年

すいのこ『eスポーツ選手はなぜ勉強ができるのか――トッププロゲーマーの「賢くなる力」』小学館新書、二〇二〇年
教学社編『2018年版 大学入試シリーズNo.13 岩手大学』教学社、二〇一七年
教学社編『2019年版 大学入試シリーズNo.30 筑波大学（前期日程）』教学社、二〇一八年
聖文新社編集部『30ヶ年共通一次・センター試験［数学問題］総集編』聖文新社、二〇一〇年
竹内久顕『予備校教師からの提言――授業・入試改革へ向けて』高文研、二〇〇一年
竹内康浩『東大入試 至高の国語「第二問」』朝日選書、二〇〇八年
橘木俊詔『大学はどこまで「公平」であるべきか――一発試験依存の罪』中公新書ラクレ、二〇二一年
田中耕太郎『教育基本法の理論』有斐閣、一九六一年
辻田真佐憲『文部省の研究――「理想の日本人像」を求めた百五十年』文春新書、二〇一七年
津田秀樹『センター試験㊙裏技大全【英語】2018年度版』洋泉社、二〇一七年
富田一彦『富田の［英文読解100の原則］下』大和書房、一九九四年
永江朗『東大VS京大 入試文芸頂上決戦』原書房、二〇一七年
中岡成文『ハーバーマス（現代思想の冒険者たち Select）』講談社、二〇〇三年
中村高康『暴走する能力主義――教育と現代社会の病理』ちくま新書、二〇一八年
中村高康編『大学入試が分かる本――改革を議論するための基礎知識』岩波書店、二〇二〇年
西田亮介『不寛容の本質――なぜ若者を理解できないのか、なぜ年長者を許せないのか』経済界新書、二〇一七年
二宮敦人『最後の秘境 東京藝大――天才たちのカオスな日常』新潮文庫、二〇一九年
丹羽健夫『悪問だらけの大学入試――河合塾から見えること』集英社新書、二〇〇〇年
野中尚人、青木遥『政策会議と討論なき国会――官邸主導体制の成立と後退する熟議』朝日選書、二〇

一六年
平原春好編『教育と教育基本法』勁草書房、一九九六年
姫野桂『発達障害グレーゾーン』扶桑社新書、二〇一九年
広田照幸『教育には何ができないか――教育神話の解体と再生の試み』春秋社、二〇〇三年
藤田正勝『理解しやすい倫理』文栄堂、二〇一五年
前川喜平『面従腹背』毎日新聞出版、二〇一八年
松野博一『導き星との対話』幻冬舎ルネッサンス新書、二〇二〇年
溝上慎一『アクティブラーニング型授業の基本形と生徒の身体性』東信堂、二〇一八年
水月昭道『高学歴ワーキングプア――「フリーター生産工場」としての大学院』光文社新書、二〇〇七年
水月昭道『ホームレス博士――派遣村・ブラックボックス化する大学院』光文社新書、二〇一〇年
宮口幸治、佐々木昭后（作画）『マンガでわかる境界知能とグレーゾーンの子どもたち』扶桑社、二〇二〇年
宮下善紀「最短10時間で9割とれるセンター現代文のスゴ技」KADOKAWA、二〇一四年
宮本友弘（編）、倉元直樹（監修）『変革期の大学入試』金子書房、二〇二〇年
物江潤『空気が支配する国』新潮新書、二〇二〇年
物江潤『だから、2020年大学入試改革は失敗する――ゆとり世代が警告する高大接続入試の矛盾と落とし穴』共栄書房、二〇一七年
森口朗『日教組』新潮新書、二〇一〇年
文部省『学制百二十年史』ぎょうせい、一九九二年
山本義隆『新・物理入門〈増補改訂版〉』駿台文庫、二〇〇四年

芳沢光雄『出題者心理から見た入試数学――初めて明かされる作問の背景と意図』講談社ブルーバックス、二〇〇八年
読売新聞教育部『大学入試改革――海外と日本の現場から』中央公論新社、二〇一六年
和田慎市『実録 高校生事件ファイル』共栄書房、二〇一二年
渡部由輝『数学は暗記科目である――数学コンプレックスを吹きとばせ！』原書房、一九八四年
『高校倫理』（倫理312）実教出版社
『入試の軌跡／東大』（「大学への数学6月臨時増刊号」第56巻第6号）東京出版、二〇一二年
Harold W. Stevenson, James W. Stigler, "The learning gap : why our schools are failing and what we can learn from Japanese and Chinese education". SIMON & SCHUSTER PAPER BACKS, New York, 1992.

ちくま新書
1605

入試改革《にゅうしかいかく》はなぜ狂《くる》って見《み》えるか

二〇二一年一〇月一〇日 第一刷発行

著者 物江 潤（ものえ・じゅん）

発行者 喜入冬子

発行所 株式会社 筑摩書房
東京都台東区蔵前二-五-三 郵便番号一一一-八七五五
電話番号〇三-五六八七-二六〇一（代表）

装幀者 間村俊一

印刷・製本 三松堂印刷 株式会社

ISBN978-4-480-07421-8 C0237

ちくま新書

110
「考える」ための小論文
西研
森下育彦
論文を書くことは自分の考えを吟味するところから始まる。大学入試小論文を通して、応用のきく文章作法を学び、考える技術を身につけるための哲学的実用書。

756
漢和辞典に訊け！
円満字二郎
敬遠されがちな漢和辞典。でも骨組みを知れば千年以上にわたる日本人の漢字受容の歴史が浮かんでくる。辞典編集者が明かす、ウンチクで終わらせないための活用法。

889
大学生からの文章表現
――無難で退屈な日本語から卒業する
黒田龍之助
読ませる文章を書きたい。だけど、学校では子供じみた作文と決まりきった小論文の書き方しか教えてくれなかった。そんな不満に応えるための新感覚の文章読本！

1200
「超」入門！ 論理トレーニング
横山雅彦
「伝えたいことを相手にうまく伝えられない」のはなぜか？ 日本語をロジカルに運用し、論理思考をコミュニケーションとして使いこなすためのコツを伝授！

1363
愛読の方法
前田英樹
本をたくさん読んでもかえってバカになる人間が後を絶たない――。書かれたものへの軽信を免れ、いかに生きるべきかという問いへとつながる「愛読」の秘訣を説く。

1390
これなら書ける！ 大人の文章講座
上阪徹
「人に読んでもらえる」文章を書くには、どうしたらいいか？ 30年プロとして書いてきた著者が、33の秘訣を大公開！ 自分の経験を「素材」に、話すように書こう。

1446
日本人のための英語学習法
――シンプルで効果的な70のコツ
里中哲彦
いろいろな学習法を試しても、英語の力が上がらないのはなぜなのか？ 本当にすべきことは何なのか？ 人気予備校講師が、効果的な学習法のコツを紹介する！

ちくま新書

ちくま新書